Dorothy Grzebienik

Say It in Polish

An Intensive Course for Beginners

BOOK I

KSIEGARNIA LUDOWA
PEOPLES BOOK STORE

JOHN ZUKOWSKI BOOK STORE
28401 URSULINE 810-776-1727
ST CLAIR SHORES MI 48081 USA

Maria Grala

Say It in Polish

An Intensive Course for Beginners

BOOK I

Warszawa
Państwowe Wydawnictwo Naukowe

Okładkę projektowała
Maria Łuszczyńska

Redaktor
Maria Bogobowicz

Rodaktor techniczny
Grzegorz Bączkowski

Korektor
Lidia Czerwińska

Tytuł dotowany przez Min. Nauki,
Szkolnictwa Wyższego i Techniki

© Copyright by
Państwowe Wydawnictwo Naukowe
Warszawa 1982

ISBN 83-01-03922-1

Contents

Introduction 7

Pronunciation and spelling 9

Lessons 15

    1. Greetings 15
    2. To jest 17
       Na imię mi ......
       Nazywam się ......
       Kto to jest?
       Jak się pan/pani nazywa?
    3. Czy ......? Tak, ... (Nie, ... nie ......) 21
       Co to jest?
    4. Kim jesteś? 26
       Kim pan/pani jest?
       Kim jest ......?
    5. mój, moja 31
       moim, moją
       interesuję się, interesuje się
    6. Jaki jest ......? 36
       Jaka jest ......?
       ......, prawda?
    7. mam, masz 41
       ma
       mamy, macie
    8. Która (jest) godzina? 47
       O której ......?
       Cardinal numerals from 1 to 29
    9. Jaki dziś dzień? 51
       Kiedy jest ......?
       Kiedy będziesz/będzie w ......?
       Kiedy byłeś/byłaś w ......?

     Kiedy ...... był/była w ......?
10. Co robisz/robicie? 56
     Co będziesz/będziecie robić?
     Co pan/pani robi?
     Co pan/pani będzie robić?
11. Co robiłeś/robiłaś/robił/robiła ......? 63
     Co pan robił/pani robiła ......?
     Chciałbym/chciałabym jechać do ......
     Do Krakowa/Warszawy ...... w Krakowie/Warszawie
12. Repetition 69
13. Repetition 73
14. Cardinal numerals from 30 to 1000 77
     Ile kosztuje/kosztują ......?
15. Która/jest/godzina? 82
     Proszę ...... z ......
16. Przepraszam (pana/panią), gdzie jest/są ......? 87
     Jaka jest/była/będzie pogoda?
17. Boli mnie 93
     Jak się pan/pani czuje?
     Jak się czujesz?
18. Zamówić, wysłać, nadać, kupić 97
19. Pokój jednoosobowy z łazienką na jeden dzień. 102
     W jakiej walucie pan/pani płaci?
20. Repetition (Phone calls) 107

Introduction

This book has been written to meet the needs of adult students who want to learn basic conversational Polish without studying Polish grammar.

It is the result of many years of teaching Polish to American students in Poland. Those students were faced with a foreign language community and wanted to communicate with Poles as soon as possible.

The very basic vocabulary and easy sentence structures are so arranged that the students will be able to exchange some information with Poles after the first three lessons although, at the beginning, their scope is restricted.

In the course of the following lessons the students will gradually be able to communicate with native speakers of Polish in various everyday situations. Those situations include personal conversations, exchanging information on private life and interests, expressing wishes, needs, problems, shopping, travelling, meals, getting various kinds of information (asking the way, time etc.), health problems, placing a long distance call, sending letters and cables, getting a room in a hotel and phone calls.

A unit on **Pronunciation and spelling** opens the book. This unit deals with Polish pronunciation and spelling by comparing the particular sounds to the closest English equivalents. It can be learnt in one school hour on condition that the parts causing problems are repeated in the course of the next three classes along with the new material presented in the first three lessons.

With the exception of Lesson 1 (Greetings) and Lessons 12, 13 and 20 (repetition) all the lessons are arranged the same way. First the new structures are presented. They are followed by **Dialogs for memorization** which are based on the structures introduced in each lesson and arranged in typical conversational patterns. **Word study** is the third part of each lesson. It consists of new words and phrases with English explanations. **Word study** is followed by **Explanatory notes**, which explain basic facts about the structures presented. Explanations, wherever possible, are made by comparing the Polish with English equivalent constructions. Each lesson finishes with **Exercises**. Mostly, they are situation exercises. It is additional help for the student to use the newly learnt structures correctly in various situations. Attention has been also paid to vocabulary exercises. They are of two types. One helps the student to memorize and use correctly the words and phrases already presented and the other one expands his vocabulary with recognisable Polish words. Those are words that are very much the same in English and Polish. The lessons are illustrated with drawings, which, in an easy and amusing manner, help the student to understand new words and structures.

Lessons 12, 13 and 20 are repetitions of the structures learnt. The structures already known are used in slightly different situations and enlarged by new words and expressions.

Maria Grala

Pronunciation and spelling

The Polish vowels

i	is pronounced similarly to English e in he, but it is shorter.	
	list — letter	Irena — Irene
	lis — fox	mi — me
	ile — how much	oni — they
y	is pronounced similarly to English i in **dim**, but it is shorter.	
	syn — son	my — we
	rym — rhyme	ty — you
	nowy — new	dym — smoke
i : y	in contrast	
	mig : myk	wić : wyć
	trik : tryk	nowi : nowy
	biła : była	ceni : ceny
e	is pronounced similarly to English e in bet.	
	ten — this	Ewa — Eve
	sen — sleep	era — epoch
	lek — medicine	te — these
e : y	in contrast	
	sen : syn	nowe : nowy
	bek : byk	stare : stary
	stek : styk	małe : mały
a	is pronounced like a in the musical scale **fa, la**.	
	ta — this	tam — over there

9

	gra — game nas — us
	tak — yes as — ace
o	is pronounced similarly to English **o** in **dough**, but it is shorter.
	on — he to — this
	oko — eye boks — box
	co — what kok — bun
u and ó	represent the same sound which is pronounced similarly to English **o** in **do**, but it is shorter.
	but — shoe rób! — do!
	ból — pain tu — here
	kula — bowl ku — towards
ą and ę	have several phonetic realizations depending on their position in a word.
1. ą	is pronounced similarly to French **on** at the end of a word and in front of the following consonants: s, z, sz, rz, ż, ś, f, w, ch.
	są — they are wąs — moustache
	mogą — they can wąż — snake
	twoją — yours wąchać — to smell
2. ę	is pronounced similarly to French **un** in front of the above mentioned consonants.
	kęs — bite język — tongue
	gęś — goose ciężki — heavy
	węch — sense of smell węszyć — to sniff around
3. ę	is pronounced similarly to English **e** in **bet** at the end of a word and before l and ł.
	się — self chcę — I want
	muszę — I must minęli — they passed
	idę — I'm going zaczęła — she began
4. ą	is pronounced similarly to English **o** in **dough** before ł.
	minął — he passed pragnął — he desired
	zaczął — he began pchnął — he pushed
	wziął — he took uciął — he cut off

In front of the remaining consonants ą is pronounced like (on) and (om) and ę like (en) and (em).

ą (on)		ę (en)	
gorąco	— hot	więc	— so
kąt	— angle	nędza	— poverty
sąd	— court of justice	tęcza	— rainbow

ą (om)		ę (em)	
trąba	— trumpet	dęby	— oaks
kąpać	— bathe	tępy	— dull

The hard consonants

Only the cases where the pronunciation or the spelling of consonants may cause some problems are discussed here.

w   is pronounced like English **v** in **verb**
- worek — sack   lwy — lions
- wy — you   Ewa — Eve

ł   is pronounced like English **w** in **way**
- ławka — bench   mała — small
- łata — lath   dał — he gave

c and dz   are pronounced similarly to English **tz** and **ds** in **Switzerland** and **adds**.
- cal — inch   dzwonek — bell
- cały — whole   drodzy — dear (in plural)
- noc — night   wodza — chief's

ch and h   represent the same sound which is pronounced similarly to English **h** in **ham**.
- chata — hut   huk — explosion
- suchy — dry   hak — hook
- chód — walk   handel — trade

sz and ż/rz   are pronounced similarly to English **sh** and **s** in **shake** and **pleasure**, but the Polish sounds are „harder". ż and rz represent the same sound.
- szok — shock   noże — knives
- szafa — wardrobe   może — he can
- kosz — basket   orzeł — eagle

cz and **dż** are pronounced similarly to English **ch** and **j** in **chair** and **job**, but the Polish sounds are „harder".

    czekam — I wait   dżem — jam
    czar — charm   dżungla — jungle
    kicz — daub   dżinsy — jeans

r is pronounced differently from English **r** in **room**. In the articulation of the Polish **r** the tip of the tongue vibrates, while in English it is stiff.

    rok — year   mrok — darkness
    rama — frame   krowa — cow
    para — pair   mur — wall

The soft consonant **j** is different from hard consonants as well as it is different from typically soft consonants.

j is pronounced like English **y** in **yellow**.

    jajko — egg   Jan — John
    ja — I   daj! — give!

The soft consonants

All hard consonants, except **r**, have their soft equivalents. Some of them are represented in spelling, i.e., ć, dź, ś, ź, ń, but this is the way of marking softness only before another consonant and, usually, at the end of a word. Before a vowel and sometimes also before another consonant, they are replaced by the equivalent hard consonants followed by i, i.e., ci, dzi, si, zi, ni.

The remaining soft consonants are always represented in spelling by a hard consonant followed by i.

Polish soft consonants are distinctly „softer" than their English counterparts.

Soft consonants in contrast with their hard equivalents

pi and **bi** in contrast with **p** and **b**
    piorę : porę   biały : bały
    piasek : pasek   bić : być
    pisk : pysk   biła : była

fi and wi	in contrast with **f** and **w**	
	fiaska : faska	wiara : wara
	fibra : febra	wiodą : wodą
	firma : forma	wić : wyć
ć/ci	in contrast with **c** and **cz**	
	ciało : cało	grać : gracz
	cienki : cenki	ciapa : czapa
	prać : pracz	leci : leczy
dź/dzi	in contrast with **dz** and **dż**	
	jedźmy : jedzmy	
	rodzinka : rodzynka	dzionka : dżonka
	wodzie : wodzę	dziecię : dżecie
ś/si	in contrast with **s** and **sz**	
	noś : nos	koś : kosz
	kosi : kosy	siał : szał
	kusi : kusy	sina : szyna
ź/zi	in contrast with **z** and **ż/rz**	
	wozi : wozy	zim : Rzym
	kozi : kozy	buzia : burza
	bazia : baza	wiezie : wieże
ki and gi	in contrast with **k** and **g**	
	kier : ker	ginę : Genek
	kit : kat	gila : gala
	kiep : kepi	giez : gza
ch/hi	in contrast with **ch/h**	
	Chinka : choinka	hip : hop hipo- : chybot
mi	in contrast with **m**	
	miara : mara	miały : mały miły : myły
ń/ni	in contrast with **n**	
	leń : len	niosę : nosze nie to : netto
li	in contrast with **l**	
	lis : las	Lila : lala likier : lukier

1. Lekcja pierwsza

Word study

Dzień dobry!	— Good morning, good afternoon.
bardzo	— very
Cześć!	— Hi!
Co słychać?	— What's new? (used on the occasions when in English 'How are you' is used)
Nic nowego.	— Nothing new.
A co u ciebie?	— And what's new with you?
Wszystko w porządku.	— Everything's O.K., fine.
(No to) na razie!	— So long!
Do zobaczenia!	— See you.

Excercises

Exercise 1

What do you say if:

1. somebody is knocking at the door?
2. somebody gives you something?
3. you enter somebody's house?
4. you are leaving?
5. you are handing something over to someone?

Exercise 2

Complete B's part in the following dialog:

A: Cześć! Co słychać?
B: ....
A: Dziękuję, wszystko w porządku.
B: ....
A: Do zobaczenia!

2. Lekcja druga

To jest ......

To jest Tomasz Górski. 　　To jest Anna Górska.
Tomasz to chłopak. 　　　Anna to dziewczyna.

Na imię mi ......

Tomasz 　　　　　　　　*Anna*
Górski: Na imię mi Tomasz. 　*Górska*: Na imię mi Anna.

> Nazywam się ......

> Kto to jest?

Kto to jest? To jest pan Tomasz Górski.
Kto to jest? To jest Tomasz.

Kto to jest? To jest pani Anna Górska.
Kto to jest? To jest Anna.

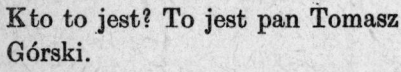

Nauczyciel: Jak się pan nazywa?   *Nauczyciel*: Jak się pani nazywa?
Tomasz: Górski.   *Anna*: Górska.
Nauczyciel: Jak nazywa się Anna?   *Nauczyciel*: Jak nazywa się Tomasz?
Tomasz: Anna nazywa się Górska.   *Anna*: Tomasz nazywa się Górski.

Dialogs for memorization

Replace the numbers with an item from the given lists of words.

I

A: Cześć! Na imię mi ....[1a].......
B: Cześć! Jestem ....[1b].......
A: A kto to jest?
B: To jest ....[2]......

1a	1b	2
Jan	Ewa	pan Górski, pani Górska
Jerzy	Maria	pan Jacek Kowalski, pani Zofia Kowalska
Paweł	Wanda	pan Wojciech Czarnecki, pani Czarnecka
Michał	Krystyna	pan Green, pani Green

II

A: Dzień dobry! Nazywam się ....[1].......
B: Bardzo mi miło. Jestem ....[2]....... A kto to jest?
A: To ....[3]........

1	2	3
Jacek Szymański	Maria Kowalska	pan Jan Górski, pani Górska
Michał Zieliński	Ewa Czarnecka	pan Jackowski, pani Jackowska
Andrzej Rudzki	Jane Brown	pan Clark, pani Clark

Word study

chłopak	— boy	
dziewczyna	— girl	
Bardzo mi miło.	— Nice to meet you.	
pan	— Mr., sir, you	{ forms used while addressing a man/
pani	— Ms., madam, you	woman
nauczyciel	— teacher	
jestem	— I am	
a	— and	

Exercises

Exercise 1

Introduce yourself and then ask your neighbour his name.

Exercise 2

What do you say if:

1. somebody introduces himself to you?
2. you are asked what your first name is?
3. you are asked what your last name is?
4. you want to know who the stranger is?

Exercise 3

Guess which of the following names denote girls and which denote boys and fill in the blanks with appropriate names.

Names: Maria, Jan, Jerzy, Wanda, Paweł, Krystyna, Ewa, Michał.

1. .... to chłopak.
2. .... to dziewczyna.

3. Lekcja trzecia

Czy ...? Tak, ...
Nie, ... nie ...

Kto to jest? To jest Tomasz Górski.
Czy to jest Tomasz? Tak, to jest Tomasz.
Tomasz to chłopak.
Czy Tomasz to dziewczyna?
Nie, Tomasz to nie dziewczyna.
Tomasz to chłopak.
Tomasz to student.
Czy Tomasz to student?
Tak, Tomasz to student.

Kto to jest? To jest Anna Górska.
Czy to jest Anna? Tak, to jest Anna.
Anna to dziewczyna.
Czy Anna to chłopak?
Nie, Anna to nie chłopak.
Anna to dziewczyna.
Anna to studentka.
Czy Anna to studentka?
Tak, Anna to studentka.

Co to jest?

Co to jest? To jest samochód.
Czy to jest samochód? Tak, to jest samochód.

Co to jest? To jest książka.
Czy to jest książka? Tak, to jest książka.

Co to jest? To jest dom.
Czy to jest samochód? Nie, to nie jest samochód. To jest dom.

Co to jest? To jest torba.
Czy to jest książka? Nie, to nie jest książka. To jest torba.

Co to jest? To jest kot Mruczek.
Czy to jest kot? Tak, to jest kot.

Co to jest? To jest papuga **Klara**.
Czy to jest papuga? Tak, to jest papuga.

Dialogs for memorization

Replace the numbers with an item from the given lists of words.

I

A: To jest ...¹..
B: Czy to jest ...²..?
A: Tak.
B: Jak on/ona się nazywa?
A: ...³..

1	2	3
student	Tomasz	Górski
studentka	Anna	Górska
nauczyciel	Michał	Zieliński
nauczycielka	Ewa	Czarnecka

II

A: Co to jest? Czy to jest ...¹..?
B: Nie, to nie jest ...¹.. To jest ...²..

1	2
książka	torba
papuga	kot
dom	samochód
lekcja druga	lekcja trzecia

Word study

on	— he
ona	— she
nauczycielka	— a female teacher

Explanatory notes

1. Nouns ending with a consonant are masculine in gender, e.g., **student, nauczyciel, kot, dom**.

2. Nouns ending in -a or -i are feminine in gender, e.g., **studentka**, nauczycielka, papuga, torba, lekcja, pani.

Excercises

Exercise 1

What do you say if you want to know:

1. who someone is?
2. what a thing or animal is?
3. somebody's name?
4. whether Anna is a girl's name?
5. whether Klara is a parrot?
6. whether Mruczek is a cat?

Exercise 2

Answer the questions according to the pictures.

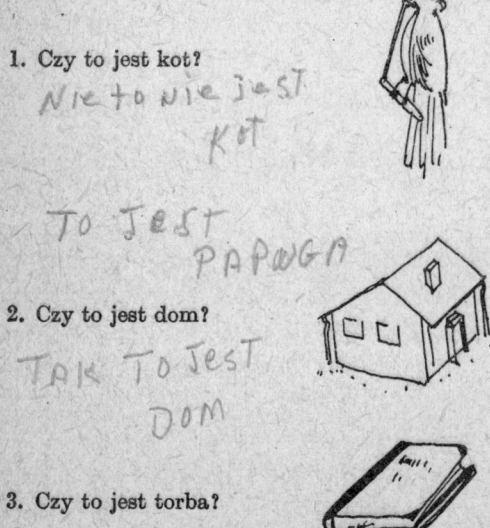

1. Czy to jest kot?

   Nie to nie jest kot

   To jest papuga

2. Czy to jest dom?

   Tak to jest dom

3. Czy to jest torba?

   Nie to nie jest torba

   To jest książka

4. Czy to jest dziewczyna?

Exercise 3

Make questions which have the following answers.

1. ....? Nie, to nie jest lekcja pierwsza.
2. ....? Tak, to jest studentka.
3. ....? To jest Anna.
4. ....? To jest książka.

4. Lekcja czwarta

$$\text{Kim} \begin{Bmatrix} \text{jesteś} \\ \text{pan jest} \end{Bmatrix}?$$

Nauczyciel: Tomasz, kim jesteś?
Tomasz: Jestem studentem.
Nauczyciel: Czy jesteś Amerykaninem?
Tomasz: Nie. Jestem Polakiem.

Nauczyciel: Kim pan jest?
Pan Brown: Jestem Amerykaninem.
Nauczyciel: Czy pan jest nauczycielem?
Pan Brown: Nie. Jestem architektem.

$$\text{Kim} \begin{Bmatrix} \text{jesteś} \\ \text{pani jest} \end{Bmatrix}?$$

Nauczyciel: Anna, kim jesteś?
Anna: Jestem studentką.
Nauczyciel: Czy jesteś Amerykanką?
Anna: Nie. Jestem Polką.

Nauczyciel: Kim pani jest?
Pani Brown: Jestem Amerykanką.
Nauczyciel: Czy pani jest nauczycielką?
Pani Brown: Nie. Jestem studentką.

> Kim jest ......?

Nauczyciel: Anna, kim jest Tomasz?
Anna: Tomasz jest studentem.
Nauczyciel: Czy on jest Polakiem?
Anna: Tak, Tomasz jest Polakiem.

Nauczyciel: Kim jest Ronald Reagan?
Anna: Ronald Reagan jest prezydentem.
Nauczyciel: Kim jest Robert Redford?
Anna: On jest aktorem.

Nauczyciel: Tomasz, kim jest Anna?
Tomasz: Anna jest studentką.
Nauczyciel: Czy ona jest Polką?
Tomasz: Tak. Anna jest Polką.

Nauczyciel: Kim jest pani Maria Górska?
Tomasz: Ona jest lekarką.
Nauczyciel: Kim jest Lisa Minelli?
Tomasz: Ona jest aktorką.

Dialogs for memorization

Replace the numbers with an item from the given lists of words.

I

A: Jestem ...[1].. A ty?
B: Jestem ...[2]..

1	2
Amerykaninem	Kanadyjką
Polakiem	Angielką
Anglikiem	Polką
Niemcem	Amerykanką
Kanadyjczykiem	Niemką
Francuzem	Francuzką

II

A: Czy pan Kowalski jest ..[1]...?
B: Nie.
A: Kim on jest?
B: On jest ..[1]...

III

A: Czy pani Kowalska jest..[2]...?
B: Nie
A: Kim ona jest?
B: Ona jest ..[2]...

1

nauczycielem	aktorem
studentem	lekarzem
malarzem	profesorem
inżynierem	architektem

2

nauczycielką	aktorką
studentką	lekarką
malarką	profesorem
inżynierem	architektem

Pan Zieliński jest malarzem   Pani Maria Górska jest lekarką

Word study

ty	— you
A ty?	— And you?
Anglik	— Englishman
Angielka	— Englishwoman
Niemiec	— male ⎫
Niemka	— female ⎭ German

28

Explanatory notes

Remember that:

1. in the construction: **noun** + $\begin{Bmatrix} \text{jesteś} \\ \text{jestem} \\ \text{jest} \end{Bmatrix}$ + **noun**, the second noun takes the endings: **-em** for masculine forms, and **-ą** for feminine forms,
2. certain professions have only a masculine form, e.g., **profesor, inżynier, architekt, prezydent** etc.
3. the form **ty** is used only when addressing good friends, relatives, teenagers and children, otherwise **pan** and **pani** are used.

Exercises

Exercise 1

What do you say if you want to know:

1. your friend's profession?
2. a lady's profession (whom you do not know very well)?
3. a stranger's nationality?
4. your Polish teacher's profession?
5. a Ms. Brown's profession?
6. if Penderecki is a composer?

Exercise 2

Complete A's part in the following dialogs:

A: ....?
B: To jest Tomasz Górski.
A: ....?
B: On jest studentem.

A: ....?
B: Nie, nie jestem Francuzką.
A: ....?
B: Jestem Niemką.

Exercise 3

Complete the following sentences adding the appropriate ending to the nouns denoting profession, or nationality.

1. Mahomed Ali jest bokser....
2. Salvadore Dali jest malarz....

3. Marlena Dietrich jest aktork....
4. Irena Szewińska jest sprinterk....
5. Gerta jest Niemk....
6. Pierre jest Francuz....
7. Wanda jest Polk....
8. Paul jest Amerykanin....

Exercise 4

Guess what are the English equivalents of the following professions, ranks and nationalities.

kompozytor, mechanik, technik, matematyk, sekretarka, modelka, dyrektor, doktor, asystentka, kapitan, generał, admirał, Meksykanin, Kubańczyk, Austriak, Bułgarka, Rumunka.

5. Lekcja piąta

To jest pan inżynier Jan Górski

$$\boxed{\text{mój, moja}}$$

Pan Jan Górski: Nazywam się Jan Górski i jestem inżynierem.

To jest moja żona Maria.   To jest mój syn Tomasz.
Ona jest lekarką.   On jest studentem.

To jest moja córka Anna.
Ona jest studentką.

> moim, moją

Pani Maria Górska: Jan to mój mąż, Anna jest moją córką, a Tomasz jest moim synem.
Anna: Jan Górski to mój ojciec, a Tomasz jest moim bratem.
Tomasz: Maria Górska jest moją matką, a Anna to moja siostra.

> interesuję się, interesuje się

Pan Jan Górski: Jestem inżynierem, ale bardzo interesuję się muzyką. Moja żona też trochę interesuje się muzyką, ale szczególnie interesuje się literaturą.
Tomasz: Interesuję się sportem, a szczególnie boksem i tenisem.
Anna: Bardzo interesuję się filmem i trochę turystyką.

Dialogs for memorization

Replace the numbers with an item from the given lists of words.

I

a

A: Czy David jest twoim ...1..?
B: Tak, to mój ...2..
A: A Kathleen?
B: Ona jest moją ...3..

b

A: Czy David jest pana/pani ...1..?
B: Tak, to mój ...2..
A: A Kathleen?
B: Ona jest moją ...3..

1	2	3
mężem	mąż	żoną
synem	syn	córką
bratem	brat	siostrą
ojcem	ojciec	matką

II

a

A: Czym się interesujesz?
B: ...1.. A ty?
A: Trochę ...1.., ale szczególnie ...2..

b

A: Czym się pan/pani interesuje?
B: ...1.. A pan/pani?
A: Trochę ...1.., ale szczególnie ...2..

1	2
sportem	turystyką
ping-pongiem	tenisem
jazzem	operą
literaturą	filmem
fizyką	astronomią

Word study

interesuję się — I am
interesujesz się — you are } interested in
interesuje się — he/she is

3 Say It in Polish

też	— also, too
trochę	— a little
ale	— but
szczególnie	— particularly, in particular

Explanatory notes

1. The forms **mój** (moim), **moja** (moją) mean *my*, and **twój** (twoim), **twoja** (twoją) mean *your*. The forms in brackets are used when they modify a noun following **jest, jestem, jesteś**.

2. The conjunctions **i** and **a** both mean *and*. It is difficult for an English speaker to understand the difference between **i** and **a**, and most learners always tend to use **i**. Generally speaking, **i** indicates joining, and **a** indicates contrast and can sometimes be translated by English *while, and not, when, whereas*.

Exercises

Exercise 1

Complete the statements which the particular members of the Górski family make about their family relations.

Pan Jan Górski: Maria jest ...., a Tomasz jest ....
Pani Maria Górska: Jan jest ...., a Anna jest ....
Anna: Jan Górski jest ...., a Tomasz jest ....
Tomasz: Maria Górska jest ...., a Anna jest ....
Anna: Klara jest ....
Tomasz: Mruczek jest ....

Exercise 2

Complete the following sentences according to what you know about the professions and interests of the Górski family members.

1. Pan Jan Górski jest ...., ale bardzo interesuje się ....
2. Pani Maria Górska jest .... Interesuje się szczególnie ....
3. Anna Górska jest .... Interesuje się .... i ....
4. Tomasz Górski jest .... Interesuje się .... i ....

Exercise 3

Tell as much as you can about yourself and your family following the given suggestions.

1. Introduce yourself.
2. Give your profession.
3. Give your family members' names and say in which way each of them is related to you.
4. Give your family members' professions. (Use the vocabulary you have learnt.)
5. Say what each member of your family is interested in.

Exercise 4

Replace the blanks with i or a.

1. Pan Jan Górski jest inżynierem, ... pani Maria Górska jest lekarką.
2. Interesuję się muzyką. .... pan?
3. Tomasz jest studentem .... Michał też jest studentem.
4. Anna to dziewczyna, ... Tomasz to chłopak.
5. Czy interesujesz się sportem .... turystyką?
6. Interesuję się sportem, ... szczególnie tenisem.

Exercise 5

Guess the meaning of the following words:

boks, tenis, ping-pong, hokej, dżudo, gimnastyka, brydż, polityka, filozofia, ekonomia, historia, geografia, chemia.

6. Lekcja szósta

Pan Jankowski

Pani Jankowska

| Jaki jest ......? | Jaka jest ......? |

Jaki jest pan Jankowski?
On jest stary i nudny.
Czy nigdy nie jest wesoły?
Nie, on jest zawsze poważny.

Jaki jest Tomasz?
On jest inteligentny i sympatyczny.
Czy jest przystojny?
Nie, nie jest przystojny, ale jest interesujący.

Jaka jest pani Jankowska?
Ona nie jest młoda, ale jest zawsze wesoła.
Czy nigdy nie jest smutna?
Nie, nigdy.

Jaka jest Anna?
Ona jest inteligentna i miła.
Czy jest ładna?
Nie, jest nieładna, ale interesująca.

Jaki jest ten samochód?
On jest nowy.
Czy jest dobry?
Nie, jest bardzo zły.

Jaki jest pani syn?
On jest dobrym studentem i miłym chłopcem.

Jaka jest ta lekcja?
Ona jest ciekawa.
Czy jest łatwa?
Nie, jest bardzo trudna.

Jaka jest pani córka?
Ona jest dobrą studentką i sympatyczną dziewczyną.

......, prawda?

Tomasz jest dobrym studentem, prawda?
Tak. Jest też bardzo sympatyczny.

Anna jest inteligentna, prawda?
Tak, jest inteligentna i zawsze wesoła.

Pani Jankowska jest smutna, prawda?
Nie, ona nigdy nie jest smutna.

Dialogs for memorization

Replace the numbers with an item from the given lists of words.

I

A: Jaki jest pana/pani ...¹..?
B: On nie jest ...².., ale bardzo ...³..

1	2	3
ojciec	młody	sympatyczny
brat	wesoły	interesujący
syn	poważny	dobry
mąż	przystojny	miły
nauczyciel	interesujący	inteligentny

II

a
A: Jaki jest ten ...¹..?
B: On jest bardzo ...²..

b
A: Jaka jest ta ...¹..?
B: Ona jest bardzo ...²..

1	2	1	2
film	nudny	książka	ciekawa
dom	stary	torba	stara
samochód	dobry	lekcja	trudna
kot	wesoły	papuga	sympatyczna
aktor	przystojny	pani	ładna

III

A: Alice jest zawsze ...¹.., prawda?
B: Tak, ale nigdy nie jest ...²..

1	2
interesująca	wesoła
ładna	sympatyczna
wesoła	miła
młoda	poważna

Word study

nigdy	— never
zawsze	— always
ten / ta	— this, that
pana/pani syn	— your son
chłopiec = chłopak	— boy
stary : { młody / nowy }	— old : { young / new }
nudny : { ciekawy / interesujący }	— dull, boring : interesting
wesoły : { poważny / smutny }	— cheerful : { serious / sad }
inteligentny : nieinteligentny	— intelligent : unintelligent
sympatyczny / miły } : { niesympatyczny / niemiły }	— nice, pleasant : unpleasant
przystojny	— handsome

ładny : nieładny — pretty : not pretty
dobry : zły — good : bad
łatwy : trudny — easy : difficult

Explanatory notes

1. Note that adjectives also distinguish genders. The masculine forms have the ending -y, and the feminine forms have the ending -a. When they modify a noun following **jest (jestem, jesteś)** they take the endings -ym and -ą respectively.
2. The word **prawda** at the end of a sentence is equivalent to all English question tags, i.e., ..., is he? ....., isn't she? ....., aren't they? ....., have you? ....., haven't I? ....., did you? ....., won't we? etc.

Exercises

Exercise 1

With the newly learnt vocabulary describe:

1. your favorite actress,
2. your favorite actor,
3. your friend,
4. the student next to you,
5. a person you do not like,
6. your car.

Exercise 2

In the following dialogs complete B's part.

1

A: Jaka jest Betty?
B: Ona jest ...... i ...... studentką.
A: A Bill?
B: On jest ..... i ..... inżynierem.

2

A: Jan jest przystojny.
B: On jest też ....., ...?
A: Tak, jest bardzo inteligentny.

Exercise 3

Translate into English:

1. Paul jest miły, prawda?

2. Pana syn interesuje się sportem, prawda?
3. To jest twoja matka, prawda?
4. Tomasz jest dobrym studentem, prawda?

Exercise 4

To the given adjectives give the ones with the opposite meaning:

nudny, smutny, zły, inteligentny, nieładna, stara, poważna.

7. Lekcja siódma

masz, mam

Masz psa albo kota?
Nie, ale mam papugę.
Papugę?!
Tak, to miły i wesoły ptak.

smutny pies

wesoły ptak

Masz brata albo siostrę?
Mam tylko ojca.
Jest przystojny?
Nie, nie jest przystojny, ale jest bardzo miły.

ma

Pan ma nowy samochód?
Nie, ale mam nowy rower.
Dobry?
Bardzo dobry.

nowy rower

Pani ma małe dziecko?
Nie, ale mam duże.
Jakie jest pani dziecko?
Bardzo inteligentne.
Gratuluję!

małe dziecko   duże dziecko

---

macie, mamy

Jestem bardzo głodna. Macie jeszcze bigos?
Niestety nie, ale mamy szynkę.
Świetnie!

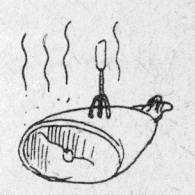

dobra szynka

Bardzo chce mi się pić. Macie jeszcze coca-colę, prawda?
Niestety nie, ale mamy dobre piwo.
Świetnie!

dobre piwo

Dialogs for memorization

Replace the numbers with an item from the given lists of words.

I

A: Masz ...[1]..?
B: Tak.
A: Jest ...[2]..?
B: Bardzo ...[2]..

1

męża	dom	żonę
brata	telewizor	siostrę
syna	samochód	córkę
psa	rower	torbę

2

przystojny	dobry	ładna
interesujący	duży	młoda
inteligentny	mały	sympatyczna
wesoły	ładny	dobra

II

A: Jestem bardzo głodna.
B: Mam ...[1]..
A: Świetnie.

1

bigos	szynkę
ser	kiełbasę
tort	rybę

mleko   ser   tort   ryba   kiełbasa

III

A: Bardzo chce mi się pić.
B: Mam ...[1]..
A: Świetnie!

1

coca-colę
kawę
herbatę
wodę mineralną
mleko
piwo
kakao

sok { pomidorowy
      grejpfrutowy
      pomarańczowy

Word study

albo	— or
tylko	— only
Jestem bardzo głodny.	— I am very hungry.
Bardzo chce mi się pić.	— I am very thirsty.
bigos	— a national Polish dish made out of sourkraut meat and mushrooms.
niestety	— unfortunately, I am afraid ...
gratuluję	— congratulations
Świetnie!	— Great!
kawa	— coffee
herbata	— tea
woda	— water
sok { pomidorowy / pomarańczowy }	— tomato / — orange } juice

Explanatory notes

Note 1. the shorter way of asking questions calling for yes/no answers. It is done by dropping the particle czy or even czy jest,
    2. that nouns with the ending -o are neuter in gender. Adjectives modifying them take the ending -e,
    3. that after the verb mam, masz, ma etc.
       a) masculine animate nouns take the ending -a (some nouns change their basic form, i.e., ojciec : ojca, pies : psa)
       b) masculine inanimate and neuter nouns do not take any ending, i.e., they are not changed as compared with the basic forms,
       c) all feminine nouns take the ending -ę
    4. that

mam	I have
masz	you have
ma	he/she has
mamy	we have
macie	you have

(mean)

Exercises

Exercise 1

What do you say if you

1. want to find out if your addressee has got a big house and a new car?
2. are asked if you have got a very good car?
3. are hungry?
4. are thirsty?
5. have not got the thing you have been asked for?
6. want to congratulate someone on some special occasion?

Exercise 2

Complete the translation into Polish:

1. (I have got) psa i kota.
2. Betty (has got) brata i siostrę.
3. (Do you have) piwo?
4. (Does Tom have) papugę?
5. (We have got) nowy, duży dom.
6. (Do you have, plural) telewizor?

Exercise 3

In the following two dialogs complete B's part.

1

A: Czy Anna ma brata?
B: Tak. Ona ma też ..... i .....
A: Czy matka jest inżynierem?
B: Nie, ... inżynierem.

2

A: Czy pani Brown ma męża?
B: Tak. Ona ma też małe ......
A: Czy dziecko jest miłe?
B: Tak, jest miłe i .....

Exercise 4

Make two lists; one of things to eat and the other of things to drink.

45

Exercise 5

Guess the meaning of the following adjectives:

(woda) mineralna, (sok) grejpfrutowy, (tort) kakaowy, (tort) kawowy, (piwo) amerykańskie, (kiełbasa) polska, (ser) francuski.

8. Lekcja ósma

> Która (jest) godzina?

pierwsza, druga, trzecia .... dziewiąta, dziesiąta, jedenasta,
(1:00) (2:00) (3:00) (9:00) (10:00) (11:00)

dwunasta
(12:00)

> O której ......?

O której jest lekcja języka polskiego?   O dziesiątej rano.
O której jest film?   O ósmej wieczorem.
O której jest przerwa?   O jedenastej.
O której macie konferencję?   O czwartej po południu.
O której masz obiad?   O szóstej wieczorem.
O której pan Brown ma samolot do Chicago?   O pierwszej w nocy.

Cardinal numerals from 1 to 29

1. jeden   3. trzy
2. dwa   4. cztery

5. pięć
6. sześć
7. siedem
8. osiem
9. dziewięć
10. dziesięć
11. jedenaście
12. dwanaście
13. trzynaście
14. czternaście

15. piętnaście
16. szesnaście
17. siedemnaście
18. osiemnaście
19. dziewiętnaście
20. dwadzieścia
21. dwadzieścia jeden
22. dwadzieścia dwa
23. dwadzieścia trzy
29. dwadzieścia dziewięć

Która (jest) godzina?

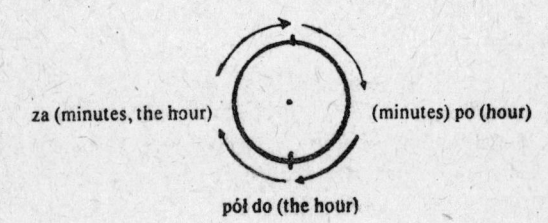

za (minutes, the hour)   (minutes) po (hour)

pół do (the hour)

pięć po trzeciej   piętnaście po pierwszej   pół do czwartej

pół do ósmej   za dwadzieścia dziewiąta   za dziesięć druga

O której jest przerwa?
O której masz samolot do Chicago?
O której macie konferencję?

Za pięć jedenasta.
O pół do siódmej wieczorem.
Piętnaście po dziewiątej.

Dialogs for memorization

Replace the numbers with an item from the given lists of words.

I

A: Która godzina?
B: ......1...
A: A o której masz ...2..?
B: ......3...

1	2	3
pierwsza	lekcję	O czwartej
szósta	obiad	O pół do siódmej
siódma	przerwę	O ósmej
pół do ósmej	konferencję	Dziesięć po ósmej
za dwadzieścia druga	samolot do { Chicago	Za pięć trzecia
dwadzieścia po trzeciej	Las Vegas	Za dwadzieścia piąta

Word study

lekcja języka polskiego — Polish language class
przerwa — break
obiad — dinner
samolot — plane
do — to
rano — in the morning
po południu — in the afternoon
wieczorem — in the evening
w nocy — at night

Explanatory notes

Note that 1. you ask **Która godzina?** when you want to know what time it is now, and **O której ...?** when you want to know when something is to happen (start),

2. cardinal numerals denote minutes, and ordinal numerals denote hours. Only ordinal numerals change the endings, i.e., they may have the ending -a or -ej. Check when it is -a and when it is -ej,
3. in English you say half past the hour while in Polish half to the (next) hour.

Exercises

Exercise 1

Read the time:

1:30, 2:35, 3:40, 4:45, 5:55, 6:00, 6:10, 7:15, 8:25, 9:26, 10:30, 11:30, 12:00.

Exercise 2

Complete the translation:
1. O dziewiątej (in the morning) mamy lekcję języka polskiego.
2. O siódmej (in the evening) mam konferencję.
3. O piątej (in the afternoon) mam obiad.
4. O dwunastej (at night) mam samolot do Kansas City.
5. O ósmej (in the evening) jest bardzo ciekawy film.

Exercise 3

Guess what language classes they are:

lekcja języka francuskiego, lekcja języka niemieckiego, lekcja języka bułgarskiego, lekcja języka esperanto.

9. Lekcja dziewiąta

> Jaki dziś dzień?

poniedziałek, wtorek, środa, czwartek, piątek, sobota, niedziela
(Monday .... Sunday)

> Kiedy jest ...? W/we ...

Kiedy jest lekcja języka polskiego?   W poniedziałek o dziesiątej rano,
　　　　　　　　　　　　　　　　　　　a w środę o piątej po południu.
Kiedy jest konferencja?　　　　　　　We wtorek i w czwartek o pół
　　　　　　　　　　　　　　　　　　　do szóstej.

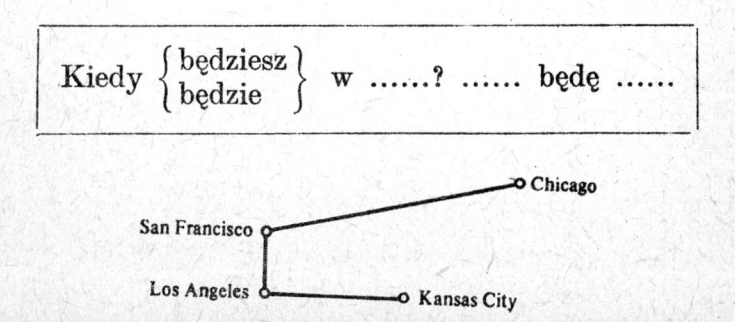

> Kiedy { będziesz / będzie } w ......? ...... będę ......

San Francisco — Chicago
Los Angeles — Kansas City

Kiedy będziesz w Chicago?   Jutro rano, a w sobotę wieczorem będę już w San Francisco.

Kiedy pan będzie w Detroit?   Pojutrze, a w niedzielę po południu będę już w Kansas City.

Kiedy pani będzie w Los Angeles?   W piątek o czwartej rano.

Kiedy { byłeś / byłaś } w ......? ...... { byłem / byłam } ......

Kiedy byłeś w San Augustin?   Nie byłem jeszcze w San Augustin, ale wczoraj byłem w Santa Barbara.

Kiedy byłaś w Las Vegas?   Nie byłam jeszcze w Las Vegas, ale przedwczoraj byłam w Rino.

Kiedy ...... { był / była } w ......?

Kiedy pan był w Denver?   W sobotę i w niedzielę.
Kiedy pani była w Miami?   Przedwczoraj.
Kiedy pan Green był w Buffalo?   Wczoraj rano.

Dialogs for memorization

Replace the numbers with an item from the given lists of words.

I

A: Jaki dziś dzień?
B: ...¹..
A: A kiedy będziesz w ...²..?
B: W/we ...³..

II

A: W/we ...³.. byłem w ...²..,
w/we ...³.. będę w ...²..
B: Jesteś prawdziwym globtroterem!

1	2	3
poniedziałek	Toronto	poniedziałek
wtorek	Minneapolis	wtorek
środa	Milwaukee	środę
czwartek	Baltimore	czwartek
piątek	Saint Louis	piątek
sobota	Honolulu	sobotę
niedziela	Cleveland	niedzielę

III

A: Pan ...¹.. jest bardzo zajęty.
B: Naprawdę?
A: Tak. W środę był w ...².., a w sobotę będzie w ..²ᵃ..

1	2	2a
Brown	Memphis	Tokio
Green	Huston	Kioto
Clark	San Diego	Glasgow
Jones	Baton Rouge	Delhi
Kowalski	Seatle	Rio de Janeiro
Bielecki	Cincinnati	Montevideo
Zieliński	Dallas	Buenos Aires

Word study

dziś	—	today
dzień	—	day
kiedy	—	when
już	—	already
jutro	—	tomorrow
pojutrze	—	the day after tomorrow
nie ... jeszcze	—	not yet
wczoraj	—	yesterday

przedwczoraj — the day before yesterday
prawdziwy — real, true
jest zajęty — is busy
naprawdę? — really?

Explanatory notes

Note that:

1. w + a day of the week is equivalent to English **on**, otherwise w denotes location and means **in/at**,
2. a day of the week that is feminine in gender takes the ending -ę when preceded by w,
3. after w denoting location, for the time being, do not use names of towns and cities other then those mentioned, because many others have Polish endings added.
4. będę
   będziesz } mean { I'll be
   będzie   you'll be
                    he/she will be

masculine/feminine

byłem/byłam
byłeś/byłaś } mean { I was (have been)
był/była   you were (have been)
                     he/she was (has been)

Exercises

Exercise 1

Ask the student next to you where he/she was the day before yesterday and where he/she will be the day after tomorrow. After you get the answer make a comment on his/her travelling so much.

Exercise 2

Mr. Brown is a businessman. He travels a lot. Describe his route according to the map. He is in Memphis now.

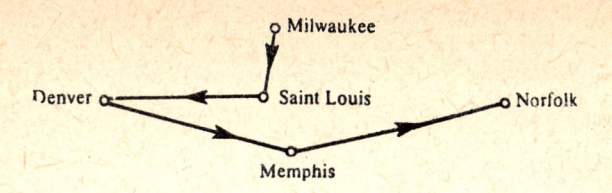

Exercise 3

Complete the translation:

1. (Today) jest niedziela.
2. Dziś jest ładny (day).
3. Byłem (already) w Nashville.
4. Pani Green (was) wczoraj w Birmingham.
5. (Have you been) w Cheyenne?
6. Kiedy (will you be) w Long Beach?
7. (On) wtorek będę (in) Hartford.
8. Nie byłem (yet) w La Paz.

Exercise 4

In the following dialog complete B's part.

A: Cześć: Co słychać?
B: Jestem bardzo ..... Wczoraj byłem w ....., a w sobotę będę w ..... A co u ciebie?
A: Dziękuję. Jestem też zajęta. Mam małe dziecko.
B: .....?
A: Nie, córkę.
B: Świetnie! Gratuluję.

10. Lekcja dziesiąta

W sobotę Anna będzie odpoczywać.

W niedzielę Anna będzie oglądać telewizję.

Dziś Anna sprząta, ale w sobotę i niedzielę nie będzie sprzątać.

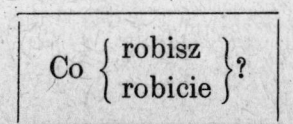

Co { robisz / robicie }?

Co robisz?
Sprzątam.
Czy sprzątasz kuchnię?
Nie, sprzątam pokój.

Co robicie?
Czytamy.
Co czytacie?
Ja czytam książkę, a mąż czyta gazetę.

$$Co \begin{Bmatrix} będziesz \\ będziecie \end{Bmatrix} robić?$$

Co będziecie robić w sobotę?
Będę odpoczywać.
A w niedzielę?
Będę oglądać telewizję.

Co będziecie robić wieczorem?
Będziemy powtarzać język polski.
A jutro?
Jutro nie będziemy powtarzać. Będziemy odpoczywać.

Pan Górski naprawia samochód   Pani Górska przymierza nowy kapelusz

$$\text{Co} \begin{Bmatrix} \text{pan} \\ \text{pani} \end{Bmatrix} \text{robi?}$$

Co pan robi?
Naprawiam samochód.
A pana syn?
Naprawia rower.

Co pani robi?
Przymierzam nowy kapelusz.
A pani mąż?
Naprawia samochód.

$$\text{Co} \begin{Bmatrix} \text{pan} \\ \text{pani} \end{Bmatrix} \text{będzie robić?}$$

Co pan będzie robić wieczorem?
Będę czytać gazetę.
A pana córka?
Chyba będzie oglądać film Hitchcocka.

Co pani będzie robić wieczorem?
Będę czytać książkę.
A pani mąż?
Chyba będzie oglądać telewizję.

Pan Green wyjeżdża do Chicago

Pan Green wraca z Chicago

Jutro pan Green wyjeżdża do Chicago.
Kiedy wraca z Chicago?
W środę.

Co robisz jutro?
Wyjeżdżam do Toronto.
A kiedy wracasz?
W niedzielę.

Dialogs for memorization

I

A: Czy jesteś bardzo zajęta?
B: Niestety tak.
A: Czy długo będziesz zajęta?
B: Nie, nie długo.

II

A: Co słychać?
B: Jutro wyjeżdżam do Miami.
A: Kiedy wracasz z Miami?
B: W piątek.

Replace the numbers with an item from the given lists of words.

III

A: Co robisz?
B: ...[1]..

A: A co będziesz robić potem?
B: Będę ...²..

1
sprzątam kuchnię
czytam k iążkę
przymierzam kapelusz
powtarzam lekcję dziewiątą

2
sprzątać { pokój
łazienkę
garaż
oglądać telewizję
przymierzać dżinsy
odpoczywać

IV

A: Co robi pan Kowalski?
B: ...¹..
A: A co będzie robić jutro?
B: Chyba będzie ...²..

1
naprawia samochód
ogląda telewizję
odpoczywa
sprząta garaż

2
sprzątać garaż
czytać gazetę
naprawiać rower
odpoczywać

Word study

odpoczywać	— to rest
kuchnia	— kitchen
łazienka	— bathroom
pokój	— room
albo	— or
powtarzać	— to repeat
chyba	— probably
długo	— long
z ... do	— from ... to

Explanatory notes

Note that 1. with the exception of the verb **robić** (do), all the remaining personal forms of the verbs presented in Lesson

10 have the same endings in the present tense, i.e.,

1. -am   1. -amy
2. -asz   2. -acie
3. -a

2. nouns following the verbs given have the same endings as when following the verb **mam, masz, ma** etc.
3. to denote future tense in Polish you need the equivalent of English "will" (**będę, będziesz, będzie** etc.) followed by an infinitive of the main verb. An infinitive in Polish is distinguished by the ending -ć or -c (English "to" followed by a verb)
4. the same as in English, present tense forms of a verb can denote, depending on the context, present and sometimes future time, e.g.,

Co robi pan Brown?   Co robisz jutro?
Wraca z Denver.   Wyjeżdżam z Chicago.

Exercises

Exercise 1

What do you say if:

1. you phone your friend to find out what he/she is doing and what his/her plans for tomorrow are?
2. someone phones you to find out what you and your wife/husband etc. are doing and what your plans for the Sunday are?
3. you want to inform your friend about your trip to Honolulu?
4. you want to find out who is doing the room and who will take care of the bathroom?
5. you are planning to go somewhere but are not sure whether it will be Los Angeles or Miami.

Exercise 2

Complete the following sentences with the appropriate personal forms of the infinitives in brackets.
Example: Co (oglądać)? : oglądasz or pan/pani ogląda

1. Jutro (wyjeżdżać) do Tokio, a moja żona (wyjeżdżać) do Oslo.

2. (Oglądać) telewizję?
3. Pan Górski (czytać) gazetę, pani Górska (sprzątać) kuchnię, a kot Mruczek (odpoczywać).
4. Anna, czy (powtarzać) lekcję języka polskiego?
5. Co robicie? (Naprawiać) samochód.
6. Czy w niedzielę (wyjeżdżać) do Santa Barbara? Nie, (wyjeżdżać) jutro, a w niedzielę (wracać).

Exercise 3

Complete the translation:

1. Dziś sprzątam (the kitchen), a jutro będę sprzątać (the room and the bathroom).
2. Mój mąż wraca w środę (or) w czwartek.
3. Jutro pan Brown wyjeżdża (from) Detroit (to) Kansas City.
4. (When) wracasz?
5. Co będziesz (do) jutro? (Probably) będę sprzątać garaż.
6. A co będziesz sprzątać (next)? Nie będę sprzątać, będę odpoczywać.

Exercise 4

Translate into Polish some of the structures you have learnt so far.

1. A: My name is Kowalski. B: Nice to meet you.
2. My name is John.
3. Eve is a student. She is a girl.
4. Mr. Brown is a physician. He is very nice.
5. She is my daughter. She is an actress and has a new house, a dog and a cat.
6. Do you have a parrot? No, we haven't(don't).
7. What time do you have your dinner? At six.
8. When will you be in Toronto?
9. When were you in Tokio? Never.
10. In the evening I will watch television and my wife will probably read a book.

11. Lekcja jedenasta

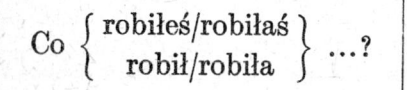

Co $\begin{cases} \text{robiłeś/robiłaś} \\ \text{robił/robiła} \end{cases}$ ...?

Co $\begin{cases} \text{pan robił} \\ \text{pani robiła} \end{cases}$ ...?

Co robisz?
Naprawiam rower.
Co robiłeś wczoraj?
Odpoczywałem.
A co robiła twoja siostra?
Sprzątała.

Co robiłaś wczoraj?
Czytałam książkę.
A co robił twój ojciec?
Oglądał telewizję.

Co pan robi?
Sprzątam garaż.
Co pan robił wczoraj?
Naprawiałem samochód.
A co robiła pana żona?
Odpoczywała.

Co pani robiła rano?
Przymierzałam dżinsy i kapelusz.
A co robił pani syn?
Chyba powtarzał matematykę.

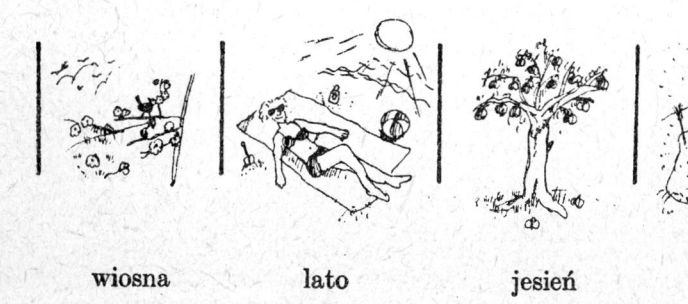

wiosna   lato   jesień   zima

> Chciałbym/chciałabym
> Chciałbyś/chciałabyś } jechać do ......
> Chciałby/chciałaby

Co chciałbyś robić wiosną?
Chciałbym jechać do Krakowa.

Co chciałabyś robić latem?
Chciałabym jechać do Warszawy.

Co chciałby pan robić jesienią?
Chciałbym jechać do Polski.

Co chciałaby pani robić zimą?
Chciałabym jechać do Waszyngtonu.

> do { Krakowa / Warszawy / Polski } ...... w { Krakowie / Warszawie / Polsce }

Chciałbym jechać do Krakowa.
Nie byłeś jeszcze w Krakowie?
Nie, nigdy.

Chciałbym jechać do Warszawy.
Nie byłeś jeszcze w Warszawie?
Nie, nigdy.

Chciałabym jechać do Polski.
Nie byłaś jeszcze w Polsce?
Jeszcze nie.

Chciałabym jechać do Waszyngtonu.
Nie byłaś jeszcze w Waszyngtonie?
Jeszcze nie.

Dialogs for memorization

Replace the numbers with an item from the given lists of words.

I

A: Co robiłaś w sobotę?
B: ...¹.. A ty?
A: ...²..

1	2
oglądałam film	czytałem książkę
sprzątałam łazienkę	sprzątałem garaż
naprawiałam rower	naprawiałem samochód
powtarzałam geografię	powtarzałem matematykę

II

A: Co pan robił wczoraj?
B: Byłem w ...¹..
A: A co będzie pan robić jutro?
B: ...²..

1	2	
Nowym Yorku		⎧ odpoczywać
Bostonie	Będę	⎨ czytać
Montrealu		⎩ sprzątać
Gdańsku		⎧ Berlina
Poznaniu	Wyjeżdżam do	⎨ Moskwy
Kanadzie		⎩ Londynu
Polsce		⎧ odpoczywać
domu	Chciałbym	⎨ oglądać telewizję
		⎩ naprawiać samochód

III

A: Chciałbyś jechać do ...¹..?
B: Nie, byłem już w ...²..

1	2
Krakowa	Krakowie
Teksasu	Teksasie
Nowego Orleanu	Nowym Orleanie
Rzymu	Rzymie
Hiszpanii	Hiszpanii

IV

A: Co chciałabyś robić ...¹..?
B: Chciałabym jechać do ...²..
A: Dlaczego?

B: Bo ...³.. jest ładny/-a ...¹..

1	2	3
wiosną	Waszyngtonu	Waszyngton
latem	Polski	Polska
jesienią	Kanady	Kanada
zimą	Czechosłowacji	Czechosłowacja

Word study

twój (m.)/twoja (f.) — your
wiosną, latem etc. — in spring, in summer
jesień, jesienią — fall, in fall (**Jesień** is an example of feminine nouns ending in a consonant)

   m.   f.
chciałbym/chciałabym — I ⎫
chciałbyś/chciałabyś — you ⎬ would like
chciałby/chciałaby — he/she ⎭
jechać — go
Rzym — Rome
Hiszpania — Spain
dlaczego? — why?
bo — because

Explanatory notes

Note that
1. -ł- is the marker of the past tense, in the past tense genders are distinguished, e.g.,
    masculine forms: czytałem, czytałeś, czytał
    feminine forms: czytałam, czytałaś, czytała
2. after **do** (English "to" denoting direction) the endings of nouns are:
    for masculine forms: -a or -u (most foreign names of towns that are declined)
    for feminine forms :-y or -i (when the preceding consonant is soft or -k-, -g-, -l-)
    examples:
    do Poznania (Krakowa), do Londynu (Bostonu)
    do Warszawy (Kanady), do Łodzi (Polski)

3. after **w** (English "in") denoting location (place) the most common ending is -e.
The ending -e is taken by all nouns ending in a hard consonant, except masculine nouns ending in -k, -g and all nouns ending in -l.
Notice changes in nouns that take the ending -e, e.g.,
d---dzi Kanada : Kanadzie
k---c   Polska : Polsce
n---ni Boston : Bostonie
m---mi Rzym : Rzymie
s---si Teksas : Teksasie
w---wi Warszawa : Warszawie
t---ci Madryt : Madrycie
Exception: **dom** but **w domu**
The ending is -u in masculine nouns ending in a soft consonant or -k, -g, -l, e.g.,
York : Yorku, Montreal : Montrealu, Poznań : Poznaniu
The ending is -i in feminine nouns ending in a soft consonant + a e.g.,
Sofia : Sofii, Czechosłowacja : Czechosłowacji.

Exercises

Exercise 1

What do you say if you:

1. want to find out what your friend and his wife were doing yesterday?
2. want to inform your addressee that you will not repair the car since you were repairing it yesterday?
3. are informed by your friend about his/her plan to go to Poland and you think he/she has already been there?
4. dream about a trip to Honolulu in winter?
5. are asked whether you'd like to spend the summer in New York or another hot and busy city which you know well anyway?

Exercise 2

The infinitives given denote actions performed by all the members of the Górski family on Sunday. Say in full sentences what you think each of them did.

infinitives: czytać (książkę, gazetę), naprawiać (samochód), powtarzać (matematykę, język polski), oglądać (film, telewizję).

Exercise 3

Complete the following story with the names of towns/countries that are declined in Polish.

Dyrektor Brown jest dziś w .... Będzie tu tylko jeden dzień.
Jutro wyjeżdża do ......, a pojutrze będzie już w .... W niedzielę pan Brown jedzie do ......, a potem do .... W czwartek będzie w domu.

Exercise 4

In the sentence: *W piątek byłem w* **Londynie**, *a jutro chciałbym jechać do* **Warszawy**, replace the words printed in bold-face with the ones from the given list. Add the appropriate endings.

Szczecin	Pittsburg	Argentyna
Olsztyn	Hawana	Brazylia
Toruń	Ottawa	Meksyk
Wrocław	Filadelfia	Francja
Lublin	Leningrad	Anglia

Exercise 5

Translate into Polish some of the structures you have learnt so far.

1. Who is it?
2. What is it?
3. Thank you.
4. Good bye.
5. Hi!
6. How are you?
7. See you.
8. What's your name?
9. Do you have (some) beer?
10. Are you an American?
11. I'm interested in sport.
12. Anna is never sad.
13. Congratulations!
14. He is an actor, isn't he?

12. Lekcja dwunasta

Repetition

I

A: Pan chyba nie jest Polakiem?
B: Nie, jestem Amerykaninem.
A: Czy pan jest z Nowego Yorku?
B: Nie, jestem z Teksasu.
A: Ta pani też jest Amerykanką, prawda?
B: Tak, to moja żona.

II

A: O której jest samolot do Warszawy?
B: O siódmej wieczorem.
A: Chciałbym **bilet na środę**.   ticket, for
B: Niestety, już nie mam.
A: A na czwartek?
B: Proszę bardzo.

III

A: **Słucham?**   Yes? May I help you?
B: **Proszę** bilet na **pociąg** do Krakowa.   please, train
A: **Na jaki** pociąg?   for which
B: Na express o czwartej po południu.
   O której będę w Krakowie?

69

A: O ósmej wieczorem.

IV

A: Dlaczego nie interesujesz się Michałem?
To **taki** przystojny chłopak.   such
B: Tak, jest przystojny, ale niesympatyczny.
A: Dlaczego?
B: Bo jest bardzo **zarozumiały**.   conceited
A: Szkoda!
B: A jaki jest **twój chłopak**?   your boy-friend
A: Jest sympatyczny i miły.
B: Czy jest wesoły?
A: Tak, jest zawsze wesoły i bardzo dobry.
B: Będzie chyba dobrym mężem.
A: **Na pewno!**   certainly

V

A: Czytałam, że będzie **tu** Marlon Brando.   that, here
B: Naprawdę? Jak długo tu będzie?
A: Tylko jeden dzień. Jutro wyjeżdża do Hollywood.
B: Bardzo chciałabym **go poznać**.   him, meet
A: Dlaczego?
B: Dlaczego?! To fantastyczny aktor i prawdziwy **mężczyzna**!   man
A: **Przesadzasz.** Nie jest już młody i ...   you exaggerate
B: **Według mnie** nie jest stary i jest bardzo interesujący.   in my opinion

Explanatory notes

Note that the noun **mężczyzna** (man) although masculine in gender has the ending -a, that is, a typically feminine ending. Masculine nouns ending in -a take the same endings as feminine nouns, e.g.,

Pan Górski jest mężczyzną.   *but*   Pan Górski jest inżynierem.
Anna jest dziewczyną.   Tomasz jest studentem.

Exercises

Exercise 1

What do you say if you

1. are asked about your nationality and the state you are from?
2. want to find out what time the train to Warsaw is?
3. want to get a train ticket to Kraków?
4. want to meet dr. Zieliński, a well known physician?
5. think your friend is taking some small trouble too seriously and worries too much?

Exercise 2

Complete the translation:

1. Czytałem, (that) prezydent Reagan wyjeżdża do (England).
2. Michał jest (for sure) przystojnym (man), ale on jest (unfortunately) niesympatyczny.
3. (Why) on jest taki (conceited)?
4. Proszę (ticket to Gdańsk) na ekspres (for Sunday).
5. (Yes?). Proszę ciastko i pepsi-colę.
6. (According to me) język polski nie jest bardzo trudny.

Exercise 3

Complete the dialogs inserting B's part.

I

A: Słucham?
B: ......
A: Na jaki pociąg?
B: ......

II

B: ......?
A: O szóstej rano.
B: ......
A: Na jutro już nie mam.
B: ......?
A: Proszę bardzo.

Exercise 4

Answer the questions:

Dialog I: 1. Czy pan B jest Polakiem?
2. Kim jest żona pana B?
3. Czy pan B jest z Kalifornii?
4. Czy jesteś Polakiem/Polką?

Dialog II: 1. Czy pan A chciałby bilet na pociąg do Warszawy?
and III: 2. Czy pani B ma jeszcze bilet na samolot na czwartek?
3. O której ekspres pana B będzie w Krakowie?
4. O której pociąg pana B wyjeżdża do Krakowa?

Dialog IV: 1. Dlaczego Michał jest niesympatyczny?
2. Dlaczego chłopak pani A będzie dobrym mężem?
3. Jaki jest twój chłopak (mąż, syn, brat, ojciec)?
4. Jaka jest twoja dziewczyna (żona, córka, siostra, matka)?

Dialog V: 1. Jaki jest Marlon Brando według pani A?
2. Jaki on jest według pani B?
3. Kto jest według ciebie (according to you) dobrym, interesującym i przystojnym aktorem?
4. Kto jest według ciebie dobrą, interesującą i ładną aktorką?

13. Lekcja trzynasta

Repetition

I

A: Czy jesteś dziś bardzo zajęty?
B: Nie bardzo.
A: O której będziesz w domu?
B: Chyba o pół do siódmej. Dlaczego **pytasz**?   **you ask**
A: Mam dwa **bilety** do **kina** na film *Klute*.   **tickets, movies**
B: O której jest ten film?
A: O ósmej.
B: Świetnie! Czytałem, że to dobry film.

II

A: Czy pani już ma nowy samochód?
B: Nie, jeszcze nie, ale mam nowy, **wygodny**   **comfortable**
   dom i małe dziecko.
A: Gratuluję!
B: Dziękuję.
A: Czy to chłopiec czy **dziewczynka**?   **little girl**
B: Dziewczynka. Na imię **jej** Kasia.   **her**
A: **Ile ma lat?**   **How old is she?**
B: **Ma dwa miesiące.**   **She is 2 months old.**
A: Pani ma też syna, prawda?
B: Tak, ale to już duży chłopiec. **Ma osiem**   **He is 8 years old.**
   lat.

III

A: Cześć! Co słychać?
B: Nic nowego. A co u ciebie?
A: Wracam z Anglii.
B: Długo **tam** byłeś?   **there**, over there
A: Dwanaście **dni**.   **days**
B: Jaka jest według ciebie Anglia?
A: Fantastyczna, a szczególnie Londyn.
B: Londyn?!
A: Tak, to bardzo interesujące **miasto**.   **city**, town
B: Długo będziesz w domu?
A: Nie, nie długo. **Za tydzień** wyjeżdżam do   **in a week**
   Polski. Mam już bilet na samolot.
B: Byłeś już w Polsce?
A: Nie, nigdy.
B: Będziesz w Gdańsku? **Mieszka** tam mój   **lives**
   brat.
A: Niestety, nie. Będę tylko w Warszawie,
   Krakowie i w Poznaniu.
B: Jak długo tam będziesz?
A: Trzy **tygodnie**.   **weeks**
B: Co **zabierasz**?   **you take**
A: Zabieram tylko dżinsy, sweter, cztery
   koszule i **kurtkę**.   **shirts**, **short overcoat**.
B: A co robi twoja żona, kiedy ty wyjeżdżasz?
A: Ona też **często** wyjeżdża. Zimą na **miesiąc**   **often**, **month**
   wyjeżdża **w góry** do Colorado, a latem   **into the mountains**
   nad morze, do Kalifornii.   **to the sea-side**

Explanatory notes

Note that
1. the plural of tydzień is tygodnie
                  miesiąc is miesiące
                  koszula is koszule

bilet is bilety

2. the verbs: **mieszkać** (to live), **pytać** (to ask), **zabierać** (to take) as well as **poznać** (to meet, get to know, L. 12) have the same personal forms as the verbs you learnt in L. 10 (czytać, sprzątać, odpoczywać etc.),

3. Ile {masz / on/ona ma} lat?   is equivalent to English   How old {are you / is he/she}?

mam
masz   } 20/30/ lat   is equivalent to English   I am / you are / he/she is } 20/30/ years old
on/ona ma

Exercises

Exercise 1

What do you say if you

1. have tickets to the movies and want to make sure your friend will be able to go with you?
2. want to encourage your friend to go to the movies with you?
3. learn that your friend has a baby and you want to show your interest in that event?
4. meet a friend who has recently got back from a trip to Poland, the country you would like to visit too?

Exercise 2

Complete the translation:

1. Mam cztery (tickets) do (the movies).
2. Czy twój nowy samochód jest (comfortable)?
3. (In a month) wyjeżdżam do Polski.
4. Moja matka (lives) w Bostonie.
5. Zabieram (jeans, 2 shirts and a short overcoat).
6. Pan Brown wyjeżdża (into the mountains), a pani Brown chciałaby jechać (to the sea-side).

Exercise 3

Translate into Polish:

1. How old are you?
2. I am 25 years old.

3. I am leaving for a week.
4. My wife is leaving in a week.
5. I live in Illinois.
6. I would like to go into the mountains and then to the sea-side.

Exercise 4

Answer the questions:

Dialog I: 1. O której pan B będzie w domu?
2. Czy pan B chciałby oglądać dziś film?
3. Kto ma bilety na film *Klute*?

Dialog II: 1. Czy pani B ma tylko jedno dziecko?
2. Ile lat ma Kasia?
3. Ile lat ma syn pani B?
4. Ile masz lat i jak ci na imię?

Dialog III: 1. Czy pani A jest globtroterem? Dlaczego?
2. Kiedy pan B wyjeżdża do Polski?
3. Czy brat pana A mieszka w Polsce?
4. Co robi żona pana A zimą?
5. Czy często wyjeżdżasz?
6. Czy chciałbyś jechać do Polski?
7. Kiedy chciałbyś jechać nad morze?

14. Lekcja czternasta

Cardinal numerals from 30 to 1000

30 trzydzieści
40 czterdzieści
50 pięćdziesiąt
60 sześćdziesiąt
70 siedemdziesiąt
80 osiemdziesiąt
90 dziewięćdziesiąt
100 sto
103 sto trzy

157 sto pięćdziesiąt siedem

200 dwieście
300 trzysta
400 czterysta
500 pięćset
600 sześćset
700 siedemset
800 osiemset
900 dziewięćset
999 dziewięćset dziewięćdziesiąt dziewięć
1000 tysiąc

chleb   bułka   jajko   bułki   jajka

jabłko   ciastko   ciastka   jabłka

| Ile kosztuje ......? | Ile kosztują ......? |

Ile kosztuje sól?
Dwa złote (kilo).

Ile kosztuje ciastko?
Trzy złote.

Ile kosztuje cukier?
Dwanaście złotych (kilo).

Ile kosztuje kawa?
Sześćset złotych (kilo).

Ile kosztują jajka?
Cztery złote (jedno).

Ile kosztują bułki?
Dziewięćdziesiąt groszy (jedna).

Ile kosztują jabłka?
Osiemnaście złotych (kilo).

Ile kosztują pączki?
Trzy złote (jeden).

Dialogs for memorization

Replace the numbers with an item from the given lists of words.

I

In a restaurant

A: Słucham pana/panią?
B: Proszę ...[1]...
A: Czy jeszcze coś?
B: Tak, proszę ...[2]...

1	2
bulion i befsztyk	wodę mineralną
barszcz i rumsztyk	coca-colę
rybę	kawę i pączek
bigos	herbatę i tort
flaki	piwo

II

Shopping

A: Słucham pana/panią?
B: Ile kosztuje/kosztują ....[1]..

A: . . . . ² . . . . .
B: Proszę . . . . . . ³ . . . . .
A: Proszę bardzo.
B: Dziękuję. Ile płacę?
A: . . . . ⁴ . . . . .

1	2	3	4
ciastko/ciastka	2 złote	4	8 złotych
bułka/bułki	60 groszy	5	3 złote
pączek/pączki	3 złote	25	75 złotych
jajko/jajka	4 złote	10	40 złotych
kiełbasa	75 złotych (kilo)	2 kilo	150 złotych

III

At the ticket counter

A: Słucham?
B: Proszę bilet (i miejscówkę) do . . . . . . ¹ . . . . . na piątek.
A: Na jaki pociąg?
B: Na pospieszny/ekspres o godzinie . . . . . . ² . . . . .
Druga/pierwsza klasa. Ile płacę?
A: . . . . . . ³ . . . . . złotych.

1	2	3
Warszawy	jedenastej wieczorem	trzynasta czterdzieści
Krakowa	szóstej rano	dwieście dziesięć
Gdańska	pół do piątej po południu	sto pięćdziesiąt
Poznania	siódmej wieczorem	sto dziewięćdziesiąt
Łodzi	pierwszej w nocy	osiemdziesiąt

Word study

sól	— salt
cukier	— sugar
pączek	— Polish pastry, similar to a doughnut
złoty and grosz	— Polish money (1 złoty has 100 groszy)
kilo	— a shortened form of a kilogram (over two pounds)
jeden, jedna, jedno	— one, here : each
proszę	— here : please (it is used at the beginning of a request)

Czy jeszcze coś — Anything else?
flaki — tripe, a popular Polish dish
Ile płacę? — How much do I pay?
miejscówka — reserved seat ticket
pociąg pospieszny — fast train

Explanatory notes

Note that 1. with the numbers from 2 to 4 the form **złote** is used, with the numbers from 5 up the form **złotych** is used,
2. in the plural neuter nouns take the ending -a, feminine and masculine nouns ending in -ka/-k take -i, e.g. **jajko : jajka, bułka : bułki.**

Exercises

Exercise 1

What do you say if you (are)

1. in a shop and want to know the price of apples and sugar?
2. want to know what the bill is?
3. in a shop and want to get tea, coffee and salt?
4. in a restaurant and want to have dinner?
5. at the station and want to get a ticket and a reserved seat ticket for the express train to Warsaw, second class, for this afternoon?

Exercise 2

Write three short dialogs: a) in a shop, b) in a restaurant, c) at the ticket counter

Exercise 3

Answer the questions according to the prices in the USA. Give the prices in dollars and cents (Polish translation equivalents: 1 dolar, 2-4 dolary, 5 up dolarów, 1 cent, 2-4 centy, 5 up centów).

1. Ile kosztują jajka?
2. Ile kosztuje galon mleka?

3. Ile kosztują jabłka?
4. Ile kosztuje hamburger?
5. Ile kosztuje *Time*?
6. Ile kosztuje bilet na samolot do Polski?
7. Ile kosztują dżinsy?

Exercise 4

Make a list of things to eat and things to drink.

Exercise 5

Guess the meaning of the following words:

banan, rabarbar, melon, grejpfrut, papryka, szpinak, pomidor, makaron, ryż, dżem.

15. Lekcja piętnasta

> Która (jest) godzina?

trzynasta . . . . . szesnasta, siedemnasta, osiemnasta, dziewiętnasta,
(1 p.m. . . . . . 4 p.m.   5 p.m.   6 p.m.   7 p.m.)

dwudziesta, dwudziesta pierwsza . . . . . dwudziesta czwarta
(8 p.m.   9 p.m.   . . . . .   12 p.m.)

Która jest godzina?
Jest teraz trzynasta pięć. (1 : 05 p.m.)

O której jest ekspres do Warszawy?
O szesnastej dziesięć. (4 : 10 p.m.)

O której jest pociąg pospieszny do Szczecina?
O osiemnastej czterdzieści. (6 : 40 p.m.)

O której jest samolot do Londynu?
O dwudziestej pięćdziesiąt. (8 : 50 p.m.)

O której pan Górski wraca z Berlina?
O dwudziestej trzeciej piętnaście. (11 : 15 p.m.)

Proszę ...... z ......

śniadanie

Proszę kawę z mlekiem i jajecznicę z szynką.
Proszę herbatę z cytryną, chleb z masłem i jajka sadzone.

obiad

Proszę żurek z kiełbasą, kotlet schabowy z kapustą i frytki.
Proszę barszcz z pasztecikiem i zraz zawijany z kaszą i ogórkiem konserwowym.

deser

Proszę lody z bitą śmietaną i pepsi-colę z lodem.
Proszę ciastko z kremem i truskawki z bitą śmietaną.

    lody   truskawki   pepsi-cola
z bitą śmietaną z bitą śmietaną z lodem

kolacja

Proszę szynkę z chrzanem, pomidory z cebulą i piwo.
Proszę bigos z bułką i herbatę z cytryną.

Dialogs for memorization

Replace the numbers with an item from the given lists of words.

I

A: Słucham panią?

B: Czy jest/są . . . . .¹. .?
A: Tak, proszę bardzo.
B: Proszę . . . . .¹. . . . i na deser . . . . .² . . . . . .
A: To wszystko?
B: Tak, dziękuję.

1	2
befsztyk	tort
rumsztyk	dwa pączki
flaki	lody waniliowe
bigos	omlet z cukrem

II

A: Słucham pana?
B: Proszę . . . . .¹. . . . . . i . . . . .² . . . . .
A: Czy jeszcze coś?
B: Nie, dziękuję.

1	2
jajecznicę z szynką	sok pomidorowy z lodem
omlet z dżemem	herbatę z cytryną
lody z bitą śmietaną	coca-colę
zraz zawijany z kaszą	piwo

Word study

śniadanie	— breakfast (it is an example of neuter nouns ending in -e)
obiad	— the main meal eaten between 1 and 4 p.m.
kolacja	— supper, usually a light meal eaten between 7 and 9 p.m.
jajecznica	— scrambled eggs
jajka sadzone	— fried eggs
masło	— butter
cytryna	— lemon
żurek	— a rich sour soup
kotlet schabowy	— pork chop
kapusta	— cabbage
frytki	— French fries

pasztecik	—	meat pie
zraz zawijany	—	rolled beef
kasza	—	buckwheat or other type of groats
ogórek (konserwowy)	—	(pickled) cucumber
chrzan	—	horse-radish
cebula	—	onion
To wszystko?	—	Is that all?

Explanatory notes

Note that 1. officially (on the radio, at the station, on the time-table) the time is given in numbers from 1 to 12 for hours before noon and from 13 to 24 for hours after noon. On the time-table 24 is replaced by 0 (read zero).
2. In L. 10 you have come accross the preposition z meaning „from". In this lesson (L. 15) z means „with". Whenever z means „with" the following noun has the same endings as when it follows **interesuję się** (interesujesz się etc.). Masculine nouns ending in -k have the vowel i inserted between -k and the ending -em, e.g., pasztecik : pasztecikiem, ogórek : ogórkiem

Exercises

Exercise 1

Read the time-table according to the pattern:

> Pociąg wyjeżdża z Poznania o ...... i jest w Berlinie o ......

the time-table

Poznań	1.28	2.22	14.08	19.52	22.10
Berlin	5.10	6.08	18.15	0.50	2.21

Exercise 2

Write the menu for the whole day (3 meals).

Exercise 3

Your friend from another state came to visit you. He feels like having something to eat and drink after a long journey. What would you offer him at the given time?

   8 a.m.   1 p.m.   3 p.m.   7 p.m.   11p.m.

Exercise 4

Guess the meaning of the following words:

gulasz, szaszłyk, suflet, omlet, lody truskawkowe, tort kawowy, krem kakaowy, czekolada, deser, wafel, majonez, musztarda, sos.

16. Lekcja szesnasta

> Przepraszam (pana/panią), gdzie $\begin{Bmatrix} \text{jest} \\ \text{są} \end{Bmatrix}$ ...?

Przepraszam pana, gdzie jest kawiarnia?
Na parterze.

Przepraszam panią, gdzie jest kasa?
Tam, na prawo.

Przepraszam, gdzie jest poczta?
Prosto, a potem na lewo

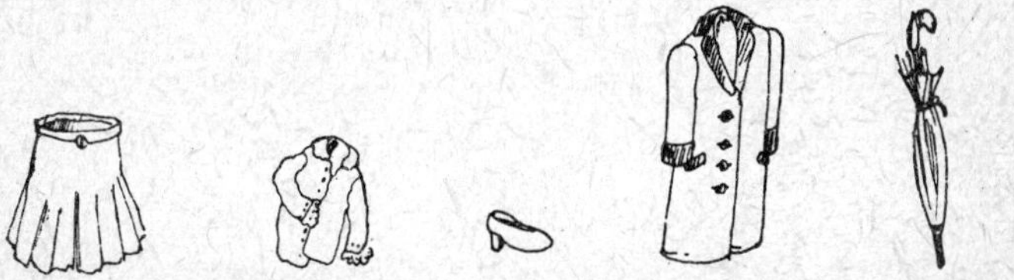

spódnica   bluzka   but   płaszcz   parasol

Przepraszam, gdzie są bluzki i spódnice?
Na drugim piętrze, na lewo.

Przepraszam, gdzie są buty?
Na górze.

Przepraszam, gdzie są płaszcze, a gdzie parasole?
Płaszcze są tam, a parasole na dole.

na lewo
prosto
na prawo

na górze
na dole

Jaka { jest / była / będzie } pogoda?

pada deszcz   świeci słońce   pada śnieg

Jaka jest dziś pogoda?
Jest ładnie i ciepło.
Jaka była wczoraj pogoda?
Było brzydko i zimno.
Jaka będzie jutro pogoda?
Chyba będzie tak jak dziś.

Jaka jest pogoda w stanie Michigan wiosną?
Wiosną w Michigan jest tak jak w Polsce.
Jest ciepło, często pada deszcz i czasem świeci słońce.
Jaka jest pogoda w Polsce zimą?
Jest zimno i pada śnieg.

Dialogs for memorization

Replace the numbers with an item from the given lists of words.

I

A: Przepraszam, gdzie jest . . . . . . .¹. . . . . .?
B: . . . . . . .². . . . . .
A: Bardzo dziękuję.

1

hotel Victoria
restauracja
postój taksówek
dworzec

2

Tam, na prawo.
Na parterze.
Obok hotelu.
Prosto, a potem na lewo.

II

A: Przepraszam, gdzie są . . . . . . .¹. . . . . .?
B: . . . . . . .². . . . . .
A: Dziękuję pani/panu.

1

jabłka i pomidory
kurtki i płaszcze
koszule
parasole

2

Tu obok
Na pierwszym piętrze.
Na dole, na lewo.
Na górze.

III

A: Jaka jest dziś pogoda?
B: . . . . . . .¹. . . . . .
A: Szkoda.

1

Taka jak wczoraj.
Jest zimno i pada deszcz.
Jest brzydko i zimno.
Jest ładnie, ale zimno.

Word study

przepraszam	—	excuse me, it is also a word used for ,,I am sorry"
kawiarnia	—	café
kasa	—	cash desk
poczta	—	post-office
postój taksówek	—	taxi stand
dworzec	—	station
na {parterze / pierwszym / drugim} piętrze	—	on the {first / second / third} floor
pogoda	—	weather
ładnie : brzydko	—	nice(ly) : bad(ly), ugly
ciepło : zimno	—	warm(ly) : cold(ly)
tak jak	—	so as (the same as)
często : czasem	—	often : sometimes
obok	—	next to

Explanatory notes

Note that 1. in the plural all feminine nouns and masculine nouns denoting things or animals take the endings:

-i after -k- (see L. 14), e.g., bluzka : bluzki, sok : soki,
-e after soft consonants and -c-, -cz-, -l-, -sz-, -rz-, -ż-, e.g.,

pani : panie   spódnica : spódnice
płaszcz : płaszcze   parasol : parasole

-y after hard consonants not mentioned above, e.g.,

but : buty   pomidor : pomidory
cytryna : cytryny   kasa : kasy

2. Words denoting weather are all adverbs (adverbs answer the question ,,how?"). They are not declined in Polish and have the endings -o or -e (English ,,-ly").

Exercises

Exercise 1

What do you say if you

1. want to ask a stranger where a restaurant is?

2. want to find your way to the umbrella and hat department?
3. want to know where you can get some kind of fruit and veagetable in a big department-store?
4. were told where to find the thing you are looking for?
5. want to know whether it is cold today?
6. are asked about the weather in your state in fall?

Exercise 2

Below it is a big department store.

1. Describe what you can get in the particular departments and where those departments are.
2. Tell the stranger, who is at the entrance, how to get to the overcoat department.

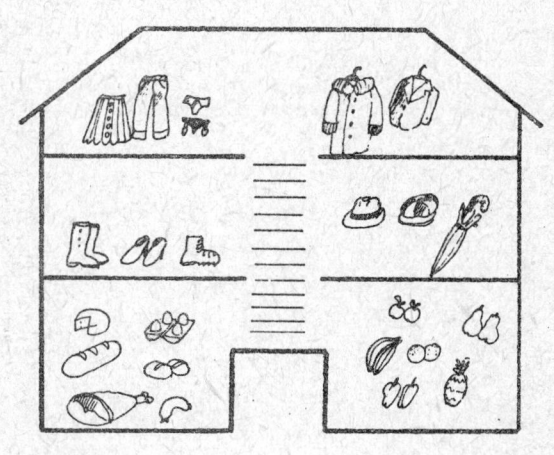

Exercise 3

Look at the drawing and tell the stranger (the black cross is him) his way to the hotel, taxi stand, post-office, station and the café.

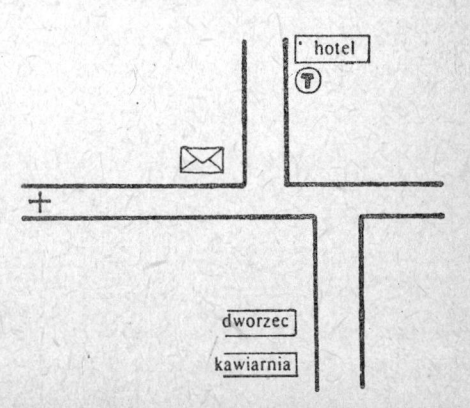

Exercise 4

Complete the sentence: Gdzie są . . . . . .? with the plural forms of the nouns from the list below.

1. pomidor i jabłko
2. jajko i bułka
3. truskawka i grejpfrut
4. ciastko i tort
5. ryba i ser
6. gazeta i książka
7. kapelusz i koszula
8. kurtka i płaszcz
9. rower i torba
10. bilet i miejscówka

Exercise 5

Answer the questions:
1. Jaka jest dziś pogoda?
2. Jaka pogoda była wczoraj?
3. Jaka będzie pogoda jutro?
4. Kiedy często pada deszcz?
5. Kiedy i gdzie pada śnieg zimą?
6. Jaka jest wiosna w Washingtonie?
7. Jaka jest jesień w Kanadzie?
8. Jaka jest pogoda zimą w twoim stanie (in your state)?

17. Lekcja siedemnasta

Boli mnie ......

Boli mnie głowa    Boli mnie gardło    Boli mnie ząb

Słucham pana?   Słucham panią?
Jestem chory.   Źle się czuję.
Co pana boli?   Czy coś panią boli?
Boli mnie głowa i gardło i mam   Boli mnie ząb i mam temperaturę.
   katar.
Czy ma pan temperaturę?   Jaką temperaturę?
Tak, 38,5.   37,8.

Jak się { pan/pani czuje / czujesz }?

Jak się pan czuje?
Źle.
Co się stało?
Jestem zaziębiony. Chyba mam grypę.

Jak się pani czuję?
Okropnie.
Co się stało?
Boli mnie brzuch i mam biegunkę.

Jak się czujesz?
Niedobrze.
Co się stało?
Mam kaszel i katar i boli mnie ucho.

Dialogs for memorization

Replace the numbers with an item from the given lists of words.

I

A: Jesteś chory(-a)?
B: Tak, boli mnie . . . . . . .¹. . . . . .
A: Masz temperaturę?
B: Tak, ...². . . . .

1	2
brzuch	trzydzieści siedem, pięć (37,5)
ucho	trzydzieści dziewięć (39)
głowa	trzydzieści osiem, dwa (38,2)
ząb	trzydzieści siedem, dziewięć (37,9)

II

A: Jak się pan (pani) czuje?
B: . . . . . . .¹. . . . . . .
A: Co się stało?
B: . . . . .². . . . . .
A: A jak się czuje . . . . . .³. . . . . ?
B: Dziękuję, ...⁴. . . . . . .

1	2
Źle.	Chyba mam grypę.

94

Okropnie. Jestem zaziębiony(-a).
Niedobrze. Boli mnie głowa.
Jestem chory(-a). Mam katar i kaszel.

3   4

pani mąż   dobrze
pani ⎫ ojciec, matka   świetnie
pana ⎭   fantastycznie
pana żona   nieźle

Word study

jestem chory(-a)	— I'm sick
mam { katar / kaszel / grypę / biegunkę }	— I have (a) { running nose / cough / flu / diarrhoea }
coś	— anything, something
boli mnie { ucho / brzuch }	— I have { an ear ache / a stomach ache }
Jak się pan/pani czuje?	— How are you feeling?
Co się stało?	— What's the matter? What has happened?
Jestem zaziębiony(-a)	— I have a cold.
źle ⎫	— bad(ly)
dobrze ⎬ adverbs	— well
okropnie ⎬	— awfull
świetnie ⎭	— great

Explanatory notes

In Poland, as well as in many other European countries, temperature is denoted in Celsius. The normal temperature of human body is 36,6 but up to 37 it is within normal. The temperature between 37 and 39 means some sickness. The temperature between 39 and 41/42 is a serious symptom of some danger.

Exercises

Exercise 1

What do you say if you
1. are seeing a doctor because of some stomach problems?
2. don't know exactly what's wrong with you but all the symptoms point to a strong cold or flu?
3. visit a dentist with a tooth ache and a temperature at the same time?
4. want to know how your friend is feeling since he doesn't look well?
5. are asked about your health and you are feeling rotten?
6. are asked about your mother/father's health and he/she has never been better?

Exercise 2

Complete the translation:
1. Mam (temperature) i boli mnie (ear).
2. Czuję się (badly).
3. Czy (anything) pana boli?
4. Mój mąż czuje się (great).
5. Czy masz (cough)?

Exercise 3

Complete the following dialogs with the B's part.

I

A: Czy coś cię boli?
B: .....
A: Masz kaszel?
B: .....
A: Chyba nie masz temperatury?!
B: .....

II

A: Jak się czujesz?
B: .....
A: Co się stało?
B: .....
A: A jak się czuje żona?
B: .....

Exercise 4

Guess the meaning of the following words:

dentysta	ginekolog	aspiryna
internista } masculine forms	pacjent	witamina
pediatra } ending in -a	szpital	jodyna
ortopeda		antybiotyk

18. Lekcja osiemnasta

zamówić, wysłać, nadać, kupić

Chciałbym zamówić rozmowę z Gnieznem, numer 26-62.
Dobrze, proszę chwileczkę zaczekać . . . . .

list lotniczy

znaczek

Chciałbym wysłać list lotniczy do USA i telegram do Francji.
Tu są znaczki na list. Telegram proszę nadać obok.

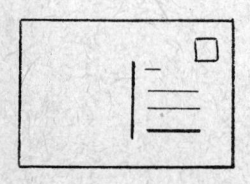

kartka pocztowa

widokówka

Chciałbym kupić kartki pocztowe i widokówki.
　　Mamy tylko widokówki czarno-białe. Obok poczty jest kiosk „Ruchu". Tam jest większy wybór.
Bardzo pani dziękuję.
(kiosk „Ruchu")
Dzień dobry! Proszę widokówki z Warszawy, znaczki na widokówki, gazetę, szampon i aspirynę.
　　To wszystko?
Proszę jeszcze bilety tramwajowe.
　　Ile?
Dziesięć.

Dialogs for memorization

Replace the numbers with an item from the given lists of words.

I

A: Chciałbym zamówić rozmowę z . . . . .¹. . . . .
B: Proszę zaczekać.
A: Jak długo?
B: Koło . . . . .². . . . .

1	2
Paryżem	dwóch godzin
Londynem	trzech godzin
Włocławkiem	godziny
Stargardem	czterdziestu minut

II

A: Chciałabym wysłać . . . . .¹. . . . . do . . . . .². . . . . . .
B: Proszę bardzo.
A: Ile płacę?
B: Chwileczkę . . . . . Płaci pani . . . . .³. . . . . . złotych.

1	2	3
telegram	Jeleniej Góry	20
dwa listy lotnicze	U.S.A.	17

kartkę i list   Bydgoszczy   5
paczkę   Warszawy   12

III

A: Chciałabym kupić kolorowe widokówki z . . . .[1]. . . . .
B: Proszę bardzo. Mamy duży wybór.
A: Te są bardzo ładne! Ile kosztują?
B: Te . . . .[2]. . . . ., a tamte . . . .[3]. . . . . złotych.

	1	2	3
Poznania		3	8
Krakowa		3,50	7
Gdańska		4	6
Warszawy		2,80	5

Word study

zamówić	— here : to put in a call
wysłać	— send
nadać	— register
kupić	— buy
rozmowa	— here : long distance call
chwileczkę	— one moment
zaczekać	— wait
czarno-biały	— black and white
większy wybór	— larger choice
koło	— around
paczka	— parcel
kolorowy	— coloured
te : tamte	— these : those

Explanatory notes

Kioski „Ruchu" are very useful stands where you can get newspapers, cigarettes, post-cards, stamps, street-car and bus tickets, shampoo, toys and many other odds and ends.

Exercises

Exercise 1

Enumerate things you can do at the post-office.

Exercise 2

Write your own dialog at the post-office. (Open and close your dialog politely.)

Exercise 3

What is the meaning of the following nouns and the adjectives derived from them?

nouns	adjectives
telefon	(rozmowa) telefoniczna
poczta	(kartka) pocztowa
tramwaj	(bilet) tramwajowy
autobus	(bilet) autobusowy
kolor	(fotografia) kolorowa
film	(aktor) filmowy
hotel	(pokój) hotelowy
pomidor	(zupa) pomidorowa

Exercise 4

Translate into Polish some of the structures and phrases you have learnt so far.

1. A ticket and a reserved seat ticket for an express train to Kraków, please.
2. Why would you like to meet Mr. Kowalski's wife?
3. In my opinion this lesson is not very difficult.
4. Is he your son? How old is he? He is 18.
5. How long have you been in Poland?
6. Where do you live?
7. What do you do in the summer?
8. How much are the doughnuts?
9. How much do I have to pay?
10. Strawberries with whipped cream, please.
11. Ham with horse-radish and tomatoes with onion, please.

12. It is bad weather and it is very cold today, and tomorrow it will, probably, be the same as today.
13. If often rains in Detroit in the fall.
14. I have a cold and I'm feeling rotten.
15. I have a stomach ache and a diarrhoea.

19. Lekcja dziewiętnasta

pokój {jednoosobowy / dwuosobowy} z {łazienką, prysznicem / umywalnią, ubikacją}

na {jeden dzień / dwa/trzy dni}

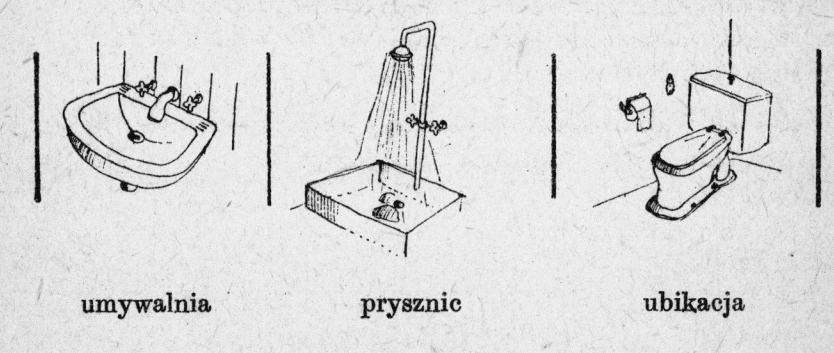

umywalnia   prysznic   ubikacja

Proszę pokój jednoosobowy z łazienką na jeden dzień.
    Pokoje z łazienką są już zajęte, ale mamy jeszcze wolne pokoje z umywalnią i ubikacją.
Dobrze.
    Proszę paszport. . . . . . Tu jest klucz do pokoju. Pokój 728, siódme piętro. Czy ma pan bagaż?
Mam tylko jedną walizkę.

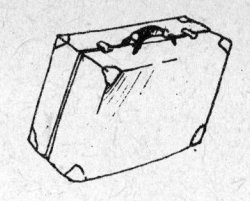

klucz		walizka

> W jakiej walucie pan/pani płaci?

Mam zarezerwowany pokój dwuosobowy z prysznicem na dwa dni, na nazwisko Clark.
    Proszę paszporty. W jakiej walucie pani płaci?
W złotych.
    Proszę kwit wymiany pieniędzy.
Nie rozumiem. Jaki kwit?
    Czy pani wymieniła pieniądze?
Oczywiście. Mam bilet, że wymieniłam 200 dolarów na złote.
    To jest właśnie kwit wymiany pieniędzy.
O przepraszam, nie wiedziałam.

Proszę pokój jednoosobowy z łazienką i telewizorem na trzy dni.
    Nie mamy wolnego pokoju z telewizorem.
Nie szkodzi.
    W jakiej walucie pan płaci?
W dolarach.

Dialogs for memorization

Replace the numbers with an item from the given lists of words.

I

A: Proszę pokój ...¹... na ...²...

B: Z telefonem?
A: Tak, z telefonem i z ...³...
B: W jakiej walucie pan/pani płaci?
A: W ...⁴...

1	2	3	4
jednoosobowy	jeden dzień	telewizorem	złotych
dwuosobowy	dwa ⎫	łazienką	dolarach
trzyosobowy	trzy ⎬ dni	prysznicem	markach
czteroosobowy	cztery ⎭	umywalnią	frankach

II

A: Czy są wolne pokoje jednoosobowe?
B: Ma pan/pani rezerwację?
A: Nie, nie mam.
B: Pokoje jednoosobowe są zarezerwowane. Mamy wolne pokoje ...¹...
A: Dobrze.
B: Proszę paszport. Czy ma pan/pani bagaż?
A: ...²...

1	2
czteroosobowe	Nie, nie mam.
pięcioosobowe	Tak, mam dwie walizki i trzy torby.
sześcioosobowe	Mam tylko walizkę.
siedmioosobowe	Mam walizkę i dwie torby.

Word study

jednoosobowy	— single (room)
dwuosobowy	— double (room)
zajęty : wolny	— occupied : free
w jakiej walucie...	— in what currency...
zarezerwowany	— reserved
zarezerwować	— to reserve
kwit (wymiany pieniędzy)	— (money exchange) receipt
nie rozumiem	— I don't understand
wymienić	— to exchange
oczywiście	— sure
właśnie	— exactly, just

nie wiedziałem(-am) — I didn't know
nie szkodzi — it doesn't matter

Explanatory notes

Note that 1. in L. 19 z means **with** and that is why the nouns that follow have the endings: **-em** for masculine forms and **-ą** for feminine forms,
2. after **w** (**in**) nouns in the plural have the ending **-ach**, e.g.,
dolar : w dolarach   dom : w domach
marka : w markach   książka : w książkach
3. **złoty** is not a noun but an adjective and it takes the adjectival endings, e.g.,
złoty : w złotych like dobry : w dobrych (filmach)

Exercises

Exercise 1

What do you say if you

1. want to reserve a hotel room with all the conveniences for two people for three days (Monday through Thursday)?
2. are informed that there are no single rooms available but you don't care as long as you can get something?
3. don't quite understand what document the receptionist wants from you?
4. want to exchange some money and want to get a receipt for it?
5. call a hotel to find out if they have any double rooms available for 2 days, with some conveniences if possible.

Exercise 2

Complete the translation:

1. Pokoje jednoosobowe są (occupied), ale mamy jeszcze (free) pokoje dwuosobowe.
2. Czy płaci pan w (dollars), czy w (zloties)?
3. (I didn't know), że Poznań to bardzo stare miasto.
4. Chciałbym (exchange) 50 dolarów na złote.
5. Proszę (the receipt) wymiany pieniędzy.
6. Mam (reserved) pokój na nazwisko Brown.

Exercise 3

Fill in the blanks:

Pan John Brown był już w Warszawie i Krakowie, a teraz . . . . . w Poznaniu, w hotelu „Poznań". Ma bardzo . . . . . i wygodny . . . . . z dużą . . . . . . Pokój pana Browna jest na piątym . . . . . i . . . . . 20 dolarów za jeden . . . . . Pan Brown . . . . . teraz w pokoju. . . . . . telewizję i . . . . . na rozmowę telefoniczną z Chicago. Jutro rano on . . . . konferencję, a po południu chciałby . . . . . książki i prezenty. Wieczorem pojedzie (will go) na . . . . . do pana Jana Górskiego. Pan Brown . . . . . pana Górskiego w Nowym Yorku. Pan Górski jest . . . . . i . . . . . w Poznaniu z żoną, córką i . . . . . Żona pana Górskiego jest . . . . . i pracuje (works) w szpitalu.

Exercise 4

Guess the meaning of the following words:

recepcja, korytarz, bagaż, portier, paszport, radio, prezent.

20. Lekcja dwudziesta

Repetition

(Phone calls)

I

A: Hallo!
B: Słucham?
A. **Mówi** John Brown. Czy jest pan Górski?   is speaking

B: **Pomyłka**. Tu numer 22-24-11.   wrong number
A: **Przepraszam** panią.   I'm sorry

II

A: Dzień dobry! Tu John Brown. Czy **mogę**   may I
   rozmawiać z panem Janem Górskim?   talk
B: Niestety, męża **nie ma**.   is not in
A: Przepraszam, nie rozumiem. Proszę
   mówić **wolniej**.   speak slower
B: Mąż jest dziś w Szczecinie Wraca jutro
   wieczorem.
A: Przepraszam, kiedy?
B: Jutro, koło dziewiątej wieczorem.
A: Dziękuję pani.

III

A: Hallo! Mówi Brown. Czy mogę prosić pana Górskiego?
B: Cześć John. To ja. **Bardzo się cieszę, że zadzwoniłeś.** Gdzie mieszkasz? — I'm very glad you phoned
A: W hotelu „Poznań".
B: Kiedy się spotkamy? — will we meet
A: Chwileczkę .... Dziś **nie mogę.** — I can't
Czekam na rozmowę z Chicago. — I'm waiting for
Może jutro? — may be
B: Świetnie! Czekam **na ciebie** — for you
z kolacją. ... Żona bardzo się cieszy, że **wreszcie** cię pozna. — at last

IV

A: Hallo! Mówi Jane Clark. Czy to pani Maria Górska?
C: Nie, tu córka. Chwileczkę ...
B: Górska, słucham?
A: Mówi Jane Clark.
B: Jane, jak się cieszę! **Przyjdź** na obiad. — come
Bardzo cię proszę. Czy jesteś **sama**? — alone
A: Nie, z córką.
B: Przyjdź z córką. Ile ona ma lat i jak jej na imię?
A: Na imię jej Betty i ma 20 lat.
B: Tak jak Tomasz, mój syn. Czy Betty mówi po polsku? — speaks Polish
A: Trochę.
B: Czekamy **na was.** — for you
Pozdrów Betty. — say „hallo" to B. from me

V

A: Słucham?
B: Cześć Anna! Tu Krystyna. Chciałabym

zaprosić cię na przyjęcie, na sobotę wieczór.	invite you to a party
A: Bardzo dziękuję. Niestety spóźnię się. Jutro wyjeżdżam do Krakowa i wracam w sobotę o 21.06.	I'll be late
B: Nie szkodzi! Pamiętasz mój adres?	do you remember
A: Chyba pamiętam. Ulica Długa, numer 22, obok szpitala.	street

VI

A: Hallo! Czy mogę mówić z doktorem Jankowskim?
B: Jankowski, słucham?
A: Nazywam się Biggs. Mój syn bardzo źle się czuje. Czy **może pan doktor przyjechać?**   can you come
B: Co się stało?
A: Boli go brzuch i ma temperaturę, 39,1.
B: Gdzie pani mieszka?
A: W hotelu „Polonez", pokój 618, szóste piętro.
B: Dobrze, **zaraz przyjadę.**   I'll come right away

Exercises

Exercise 1

What do you say if you

1. introduce yourself over the phone?
2. want to speak to Mr. Górski and a woman's voice answers the phone?
3. don't understand the person over the phone because he/she speaks too fast?
4. answer the phone?
5. answer the phone and find out that it is a wrong connection?

Exercise 2

Write your own phone call dialog.

Exercise 3

Complete the translation:

1. (Speaking) Maria Górska.
2. (I'm very glad), że przyjechałeś.
3. (I can't) przyjechać jutro.
4. (Give my regards to) Annę.
5. (Do you remember) pana Johna Browna?
6. Mieszkam na (street) Dobrej.

Exercise 4

Answer the questions:

Dialog I

1. Czy telefon pana Górskiego ma numer 22-24-11?
2. Czy John rozmawiał z mężczyzną, czy z kobietą (woman)?

Dialog II

1. Gdzie jest pan Jan Górski?
2. Kiedy pan Górski wraca do domu?
3. Z kim rozmawia John?
4. Czy pan Brown dobrze rozumie panią Górską?

Dialog III

1. Gdzie mieszka pan Brown?
2. Dlaczego pan Brown i pan Górski nie spotkają się dziś?
3. Kiedy John będzie u Jana (at Jan's place)?

Dialog IV

1. Z kim rozmawia Jane Clark?
2. Kto to jest Betty i ile ma lat?
3. Jak, według ciebie, mówisz po polsku?
4. Czy rozumiesz, kiedy Polak mówi po polsku?

Dialog V

1. Kto zadzwonił do Anny i dlaczego?
2. Gdzie Anna będzie jutro?
3. Dlaczego Anna spóźni się na przyjęcie?
4. Gdzie mieszka Krystyna?